AF609129

DAS THEATER DES KRIEGES

Text: Roman Ehrlich
Fotografie: Michael Disqué

[2]

[3]

[4]

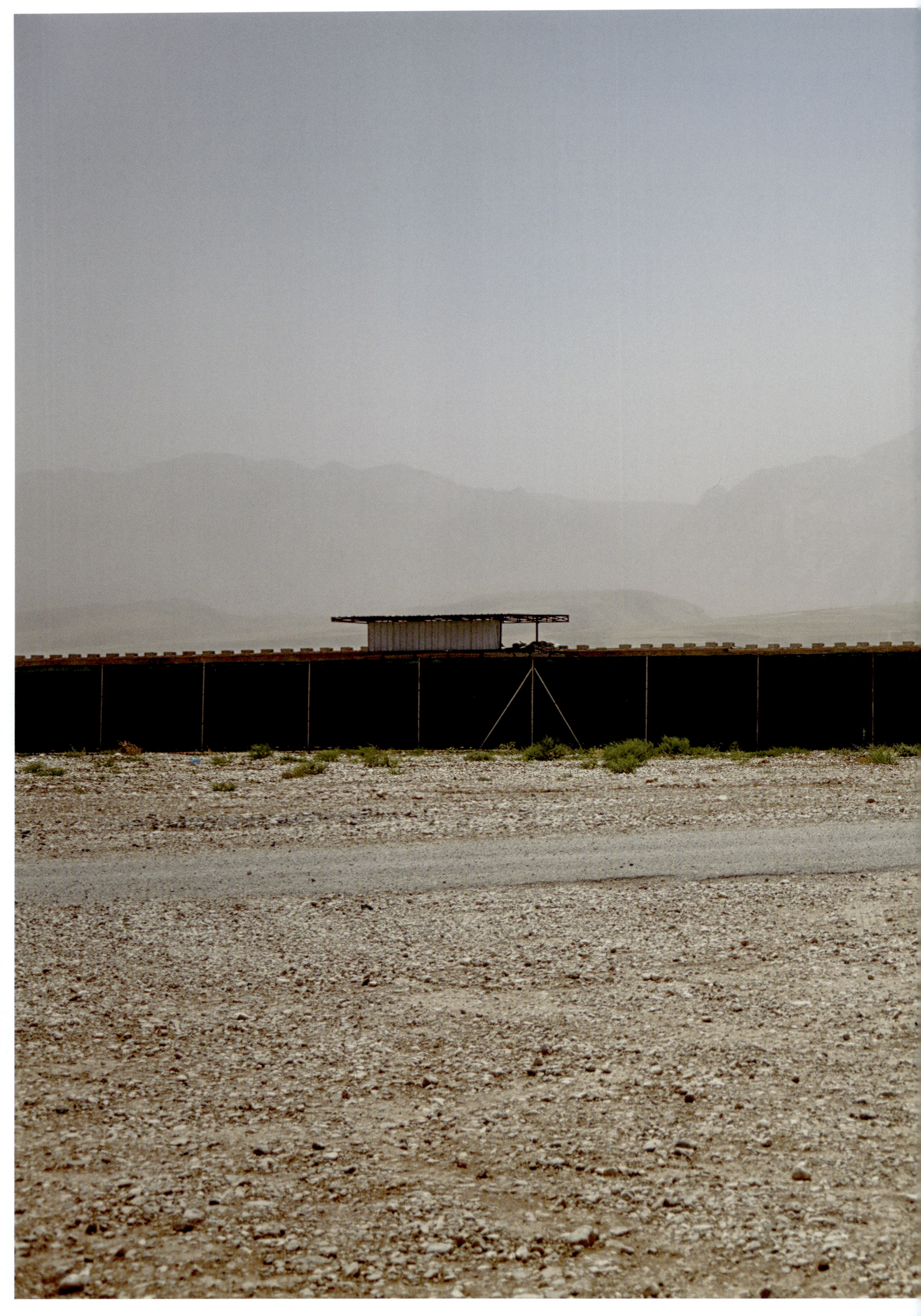

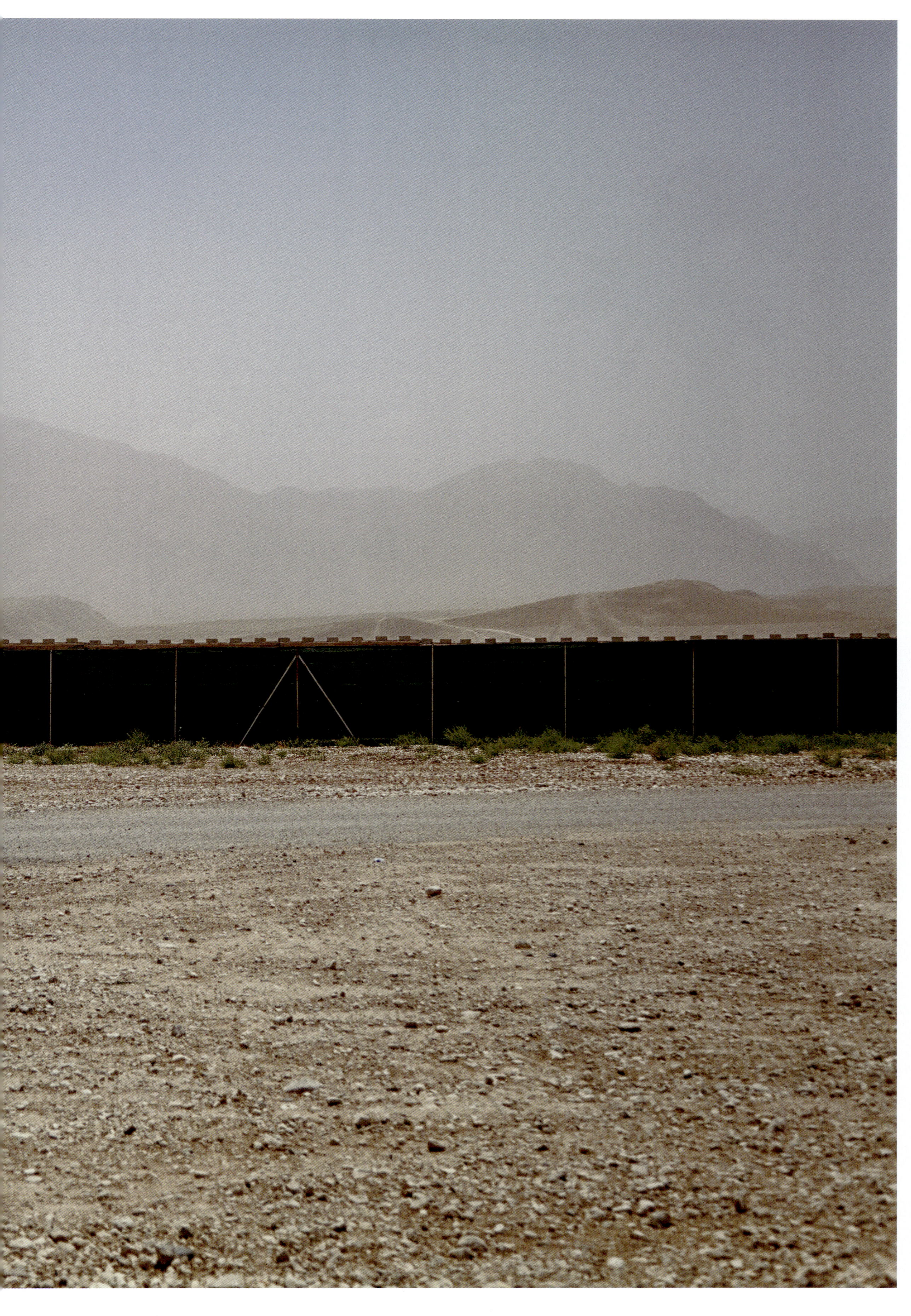

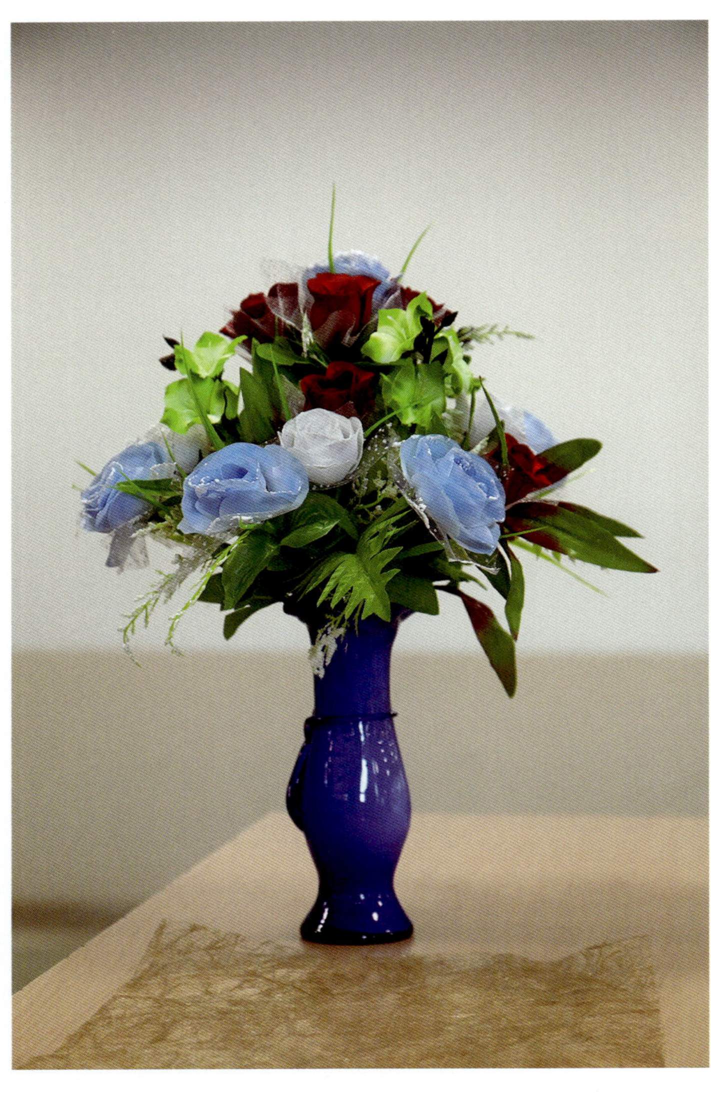

[14]

Hinter den Absperrungen liegen die braunen Berge in der Sonne. Im Innern des Containers, in dem der Schulungsraum untergebracht ist, gibt es gekühlte Getränke.
Der Container befindet sich auf dem Sprengfallenübungsgelände, das die Landschaft außerhalb der Absperrungen originalgetreu nachbilden soll. Es gibt einige Hügel, Büsche, Gräser, Staubstraßen, einen ausgetrockneten Bachlauf, ein paar Lehmhütten und ausgebrannte Fahrzeuge. Es ist eine Trostlosigkeit in dieser Landschaft, von der nicht ganz klar ist, ob sie absichtlich mit nachgebildet wurde, oder ohne Zutun entstanden ist.
Im Schulungsraum auf dem Sprengfallenübungsgelände findet der Low-Level-Unterricht von Herrn K. statt. Er berichtet von seinen Problemen, die sich kaum von denen in einer ganz gewöhnlichen Schule unterscheiden.
Es geht um Aufmerksamkeit, das Schaffen eines Bewusstseins für x, Formen der Vermittlung etc. Nur sind die Begriffe, auch für das eigene Verhalten, wesentlich technischer. Herr K. sagt, es stehe aber auch noch etwas Spiel und Spaß auf dem Programm.

[16]

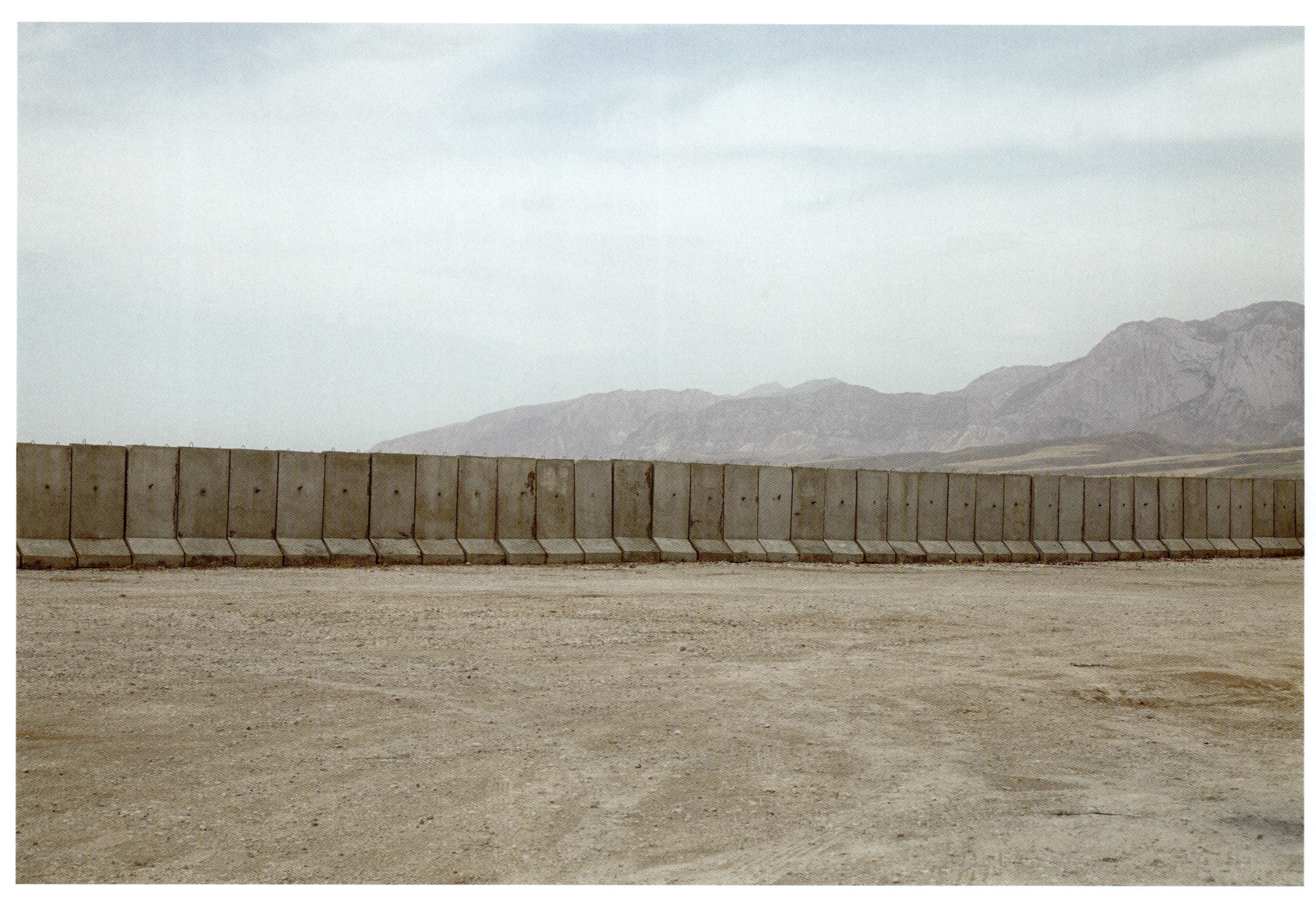

Auf dem Sprengfallenübungsgelände befindet sich außerdem noch eine große Halle, in der zu Unterrichtszwecken Attrappen improvisierter Sprengfallen aufgebaut wurden, in der Art, wie man sie draußen, vor den Absperrungen, vorgefunden hat. Beim Gehen über den Parcours werden von Herrn K. viele didaktische Suggestivfragen gestellt. Er meint, das Wichtigste an seinem Job sei, den anderen ein Bauchgefühl zu vermitteln. Man müsse das spüren, dass etwas nicht stimmt.

[20]

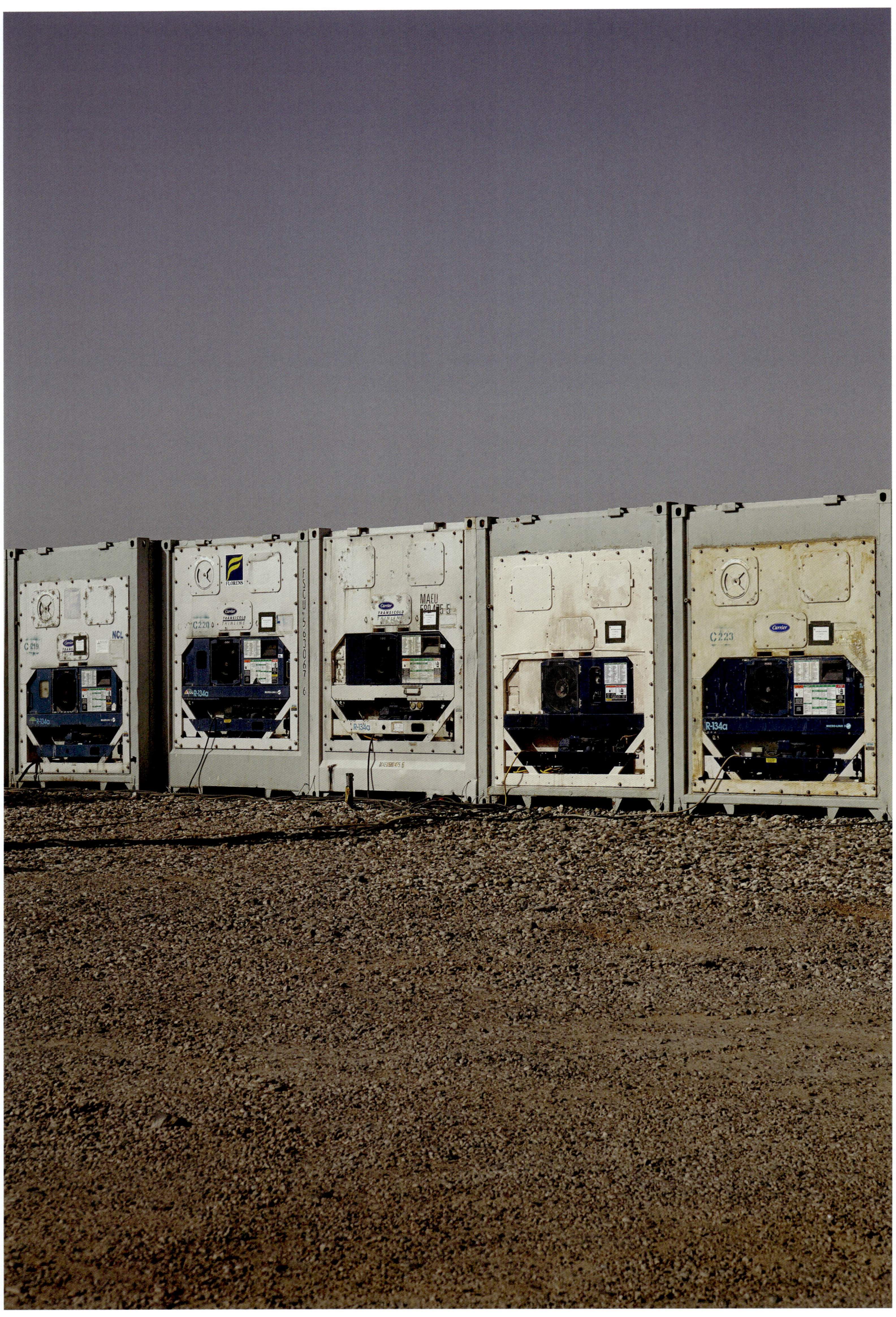
C 219
NCL
R-134a
FLORENS
Carrier
TRANSICOLD
THINLINE
C220
R-134a
FSCU 563067 6
Carrier
TRANSICOLD
MAEU
R-134a
MAEU580475 5
C223
Carrier
R-134a
MICRO-LINK 3

Der überwiegende Teil der Soldatinnen und Soldaten wird die Außengrenzen des Camps niemals übertreten. Der Eindruck, den sie sich machen können, von dem Land, in dem sie stationiert sind, ist der Blick über die Mauern, auf die braunen Berge und die schwarzen Rauchsäulen der Müllverbrennungsanlagen. Darüber hinaus bleiben ihnen, abgesehen vom Gehen über die künstliche Landschaft des Sprengfallenübungsgeländes, die Bilder. Bei der Morgenlage, im Internet, in Broschüren und Schulungsfilmen. Einige Situationen aus dem Theater des Krieges werden auf dem Sprengfallenübungsgelände nachgestellt. Oberstleutnant S., verantwortlich für Presse- und Öffentlichkeitsarbeit, sagt: „Zeigen ist die beste Kommunikation.“Das Sprengfallenübungsgelände ist also auch ein Trainingsgelände für den Kampf der Bilder.

[26]

[27]

Es wird ein Unfall nachgestellt, bei dem ein Geländefahrzeug unter Beschuss in einen Entwässerungsgraben gefahren ist. Einer der beiden Insassen wurde dabei verletzt. Der andere bringt den Verletzten aus dem Fahrzeug in einen Betonunterstand und fordert Verstärkung an.
Auf den umliegenden Hügeln stehen hochrangige Soldaten. Sie tragen ihre Baretts gegen die unbarmherzige Sonne und haben ihre Daumen in die Gürtelschlaufen eingehakt. Etwas weiter abseits sitzen die anderen Zuschauer auf Bierbänken im Schatten einer Plane, die über einen Lkw gespannt wurde. Vom Rand des Sprengfallenübungsgeländes rückt die Verstärkung in einer dichten Staubwolke an. Die Übung wird von einem deutschen Soldaten in englischer Sprache moderiert. Er erklärt jeden Schritt der Sicherung und Bergung des Fahrzeugs. Der verletzte Soldat wird im Hintergrund versorgt, während vorne zwei Sprengminensucher mit Gartenrechen durchs Gestrüpp gehen.

Das Sprengfallenübungsgelände ist als einziger nicht asphaltierter bzw. nicht geschotterter Ort im Camp der bevorzugte Lebensraum der Mongolischen Wüstenrennmaus, des Gerbils, der in einer symbiotischen Beziehung mit der die nur schwer heilbare Infektionserkrankung Leishmaniose übertragenden Sandmücke lebt.

[30]

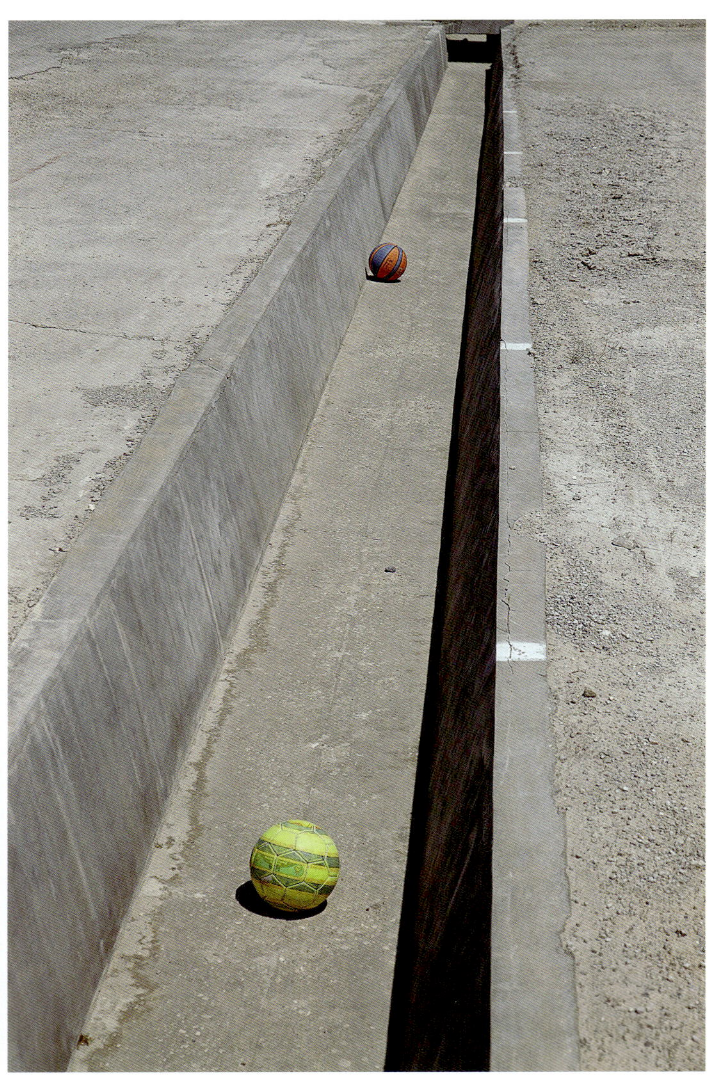

Die nachgebildete Landschaft im Camp ist für diese Tiere als Lebensraum authentisch genug.

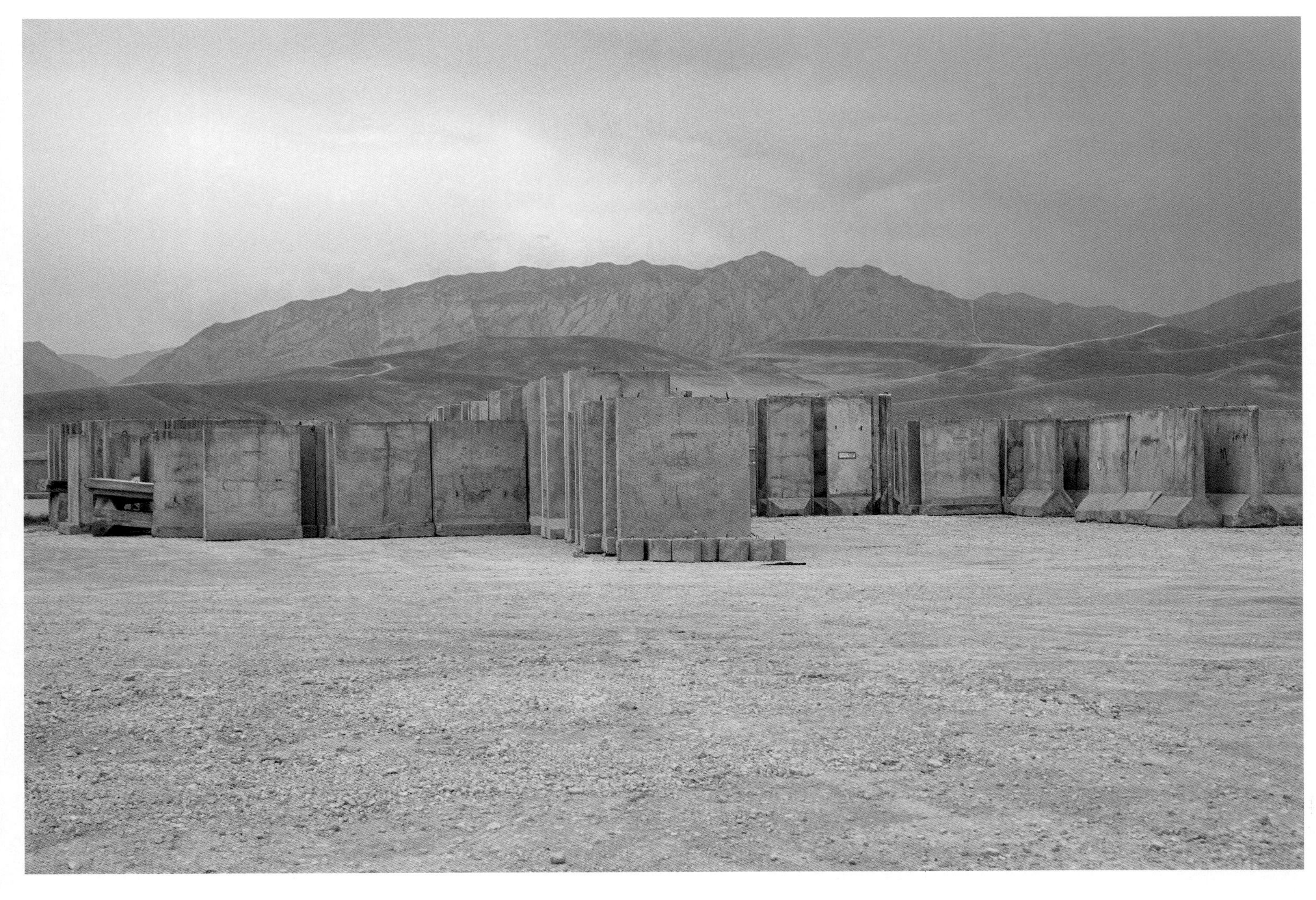

[35]

[36]

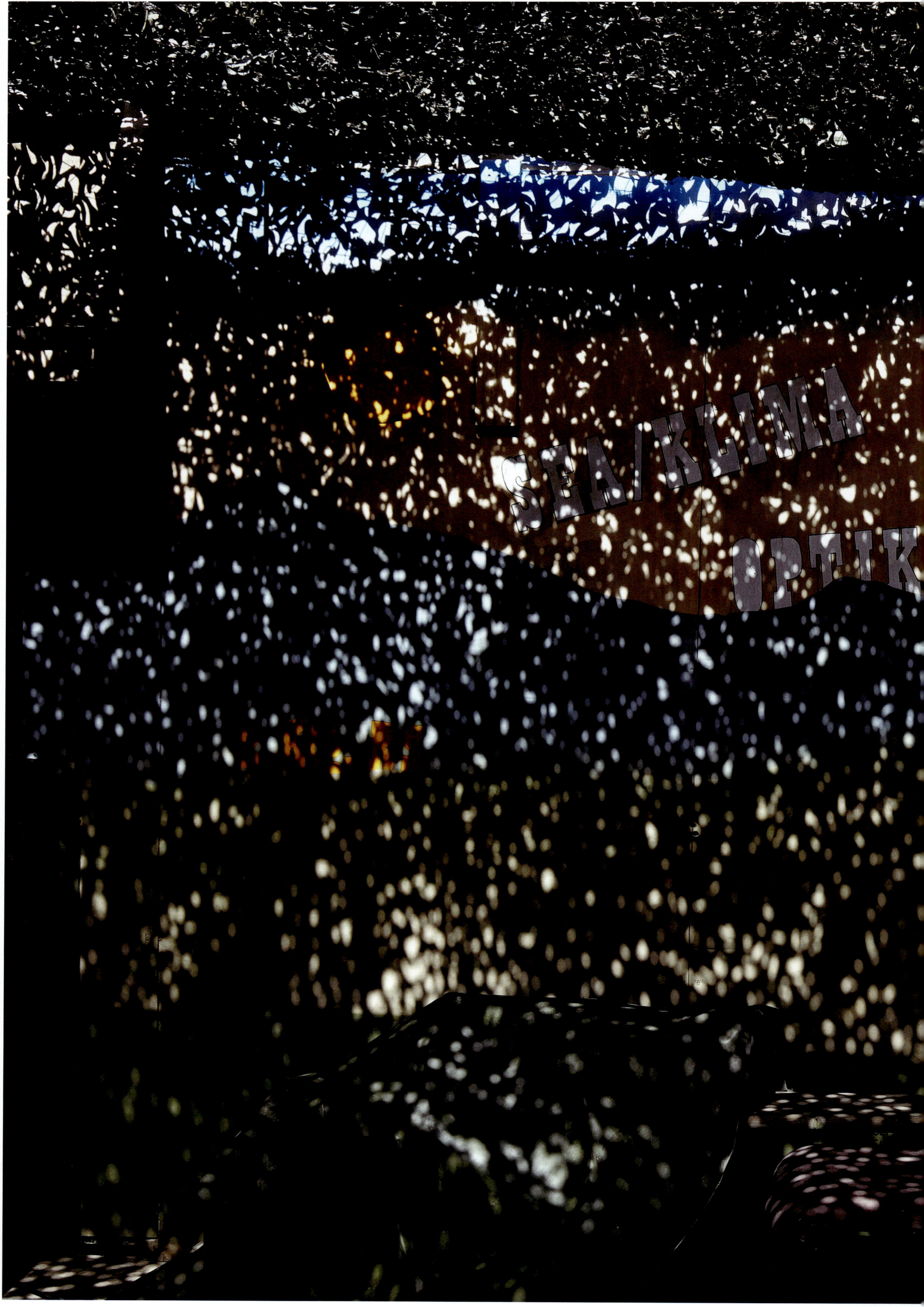
SEA/KLIMA
OPTIK

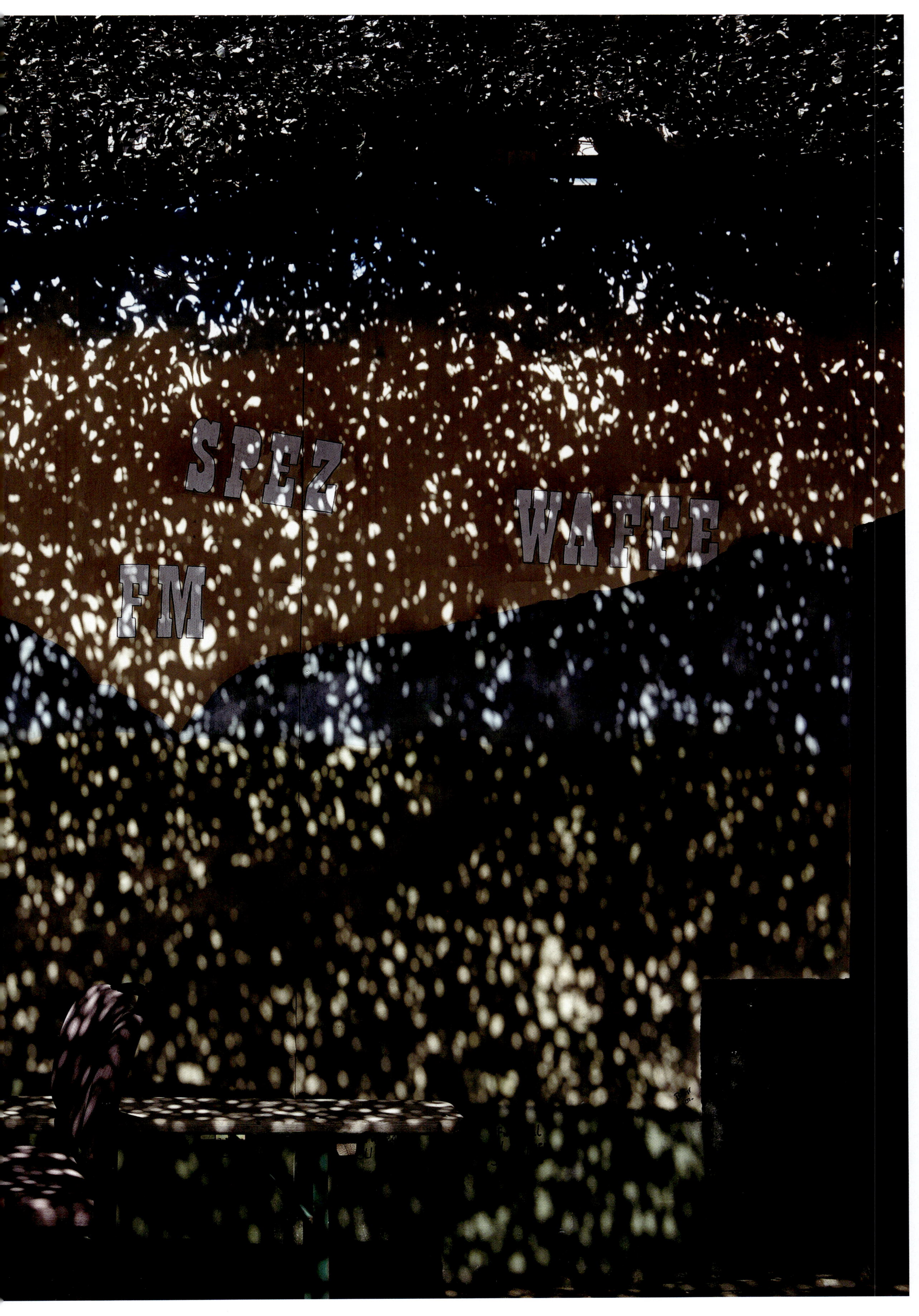
SPEZ
WAFFE
FM

Von Seiten der Hygienebeauftragten des Camps kommt die Weisung, vor allem in den Abendstunden Ärmel und Hosenbeine lang zu tragen, Insektenschutz zu verwenden und die Gittertüren an den Containereingängen geschlossen zu halten. Das Gesicht der konkreten Gefahr im Innern des Camps ist im Durchschnitt ein bis zwei Millimeter groß und mit bloßem Auge kaum zu erkennen. Der Verlauf der Leishmanioseerkrankung ist in ihrer kutanen Variante unansehnlich und langwierig, in der viszeralen Variante tödlich.

[46]

[47]

Herr K. bittet darum, nach hinten in die Ecke mit den Exponaten zu gehen und sich dort genau umzusehen.

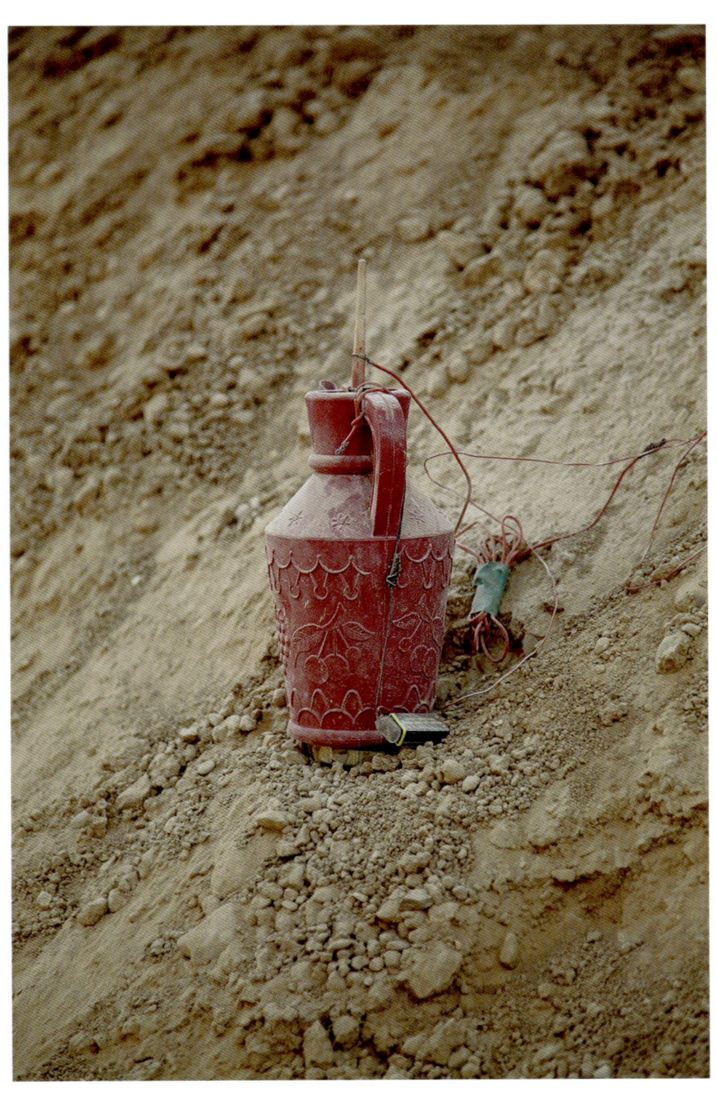

Ich gehe hin und sehe nichts Besonderes unter den verschiedenen Schautafeln. Herr K. fragt aus der Entfernung, ob mir etwas auffalle. Ich sage, nein, was soll mir denn auffallen? Dann höre ich das Klingeln eines Handys direkt neben mir. Das Telefon liegt auf einem kleinen Paket, das an die Wand geklebt ist. Ein paar Drähte verbinden die beiden Teile. „Dass du jetzt tot bist", sagt Herr K.

[53]

[54]

[55]

[56]

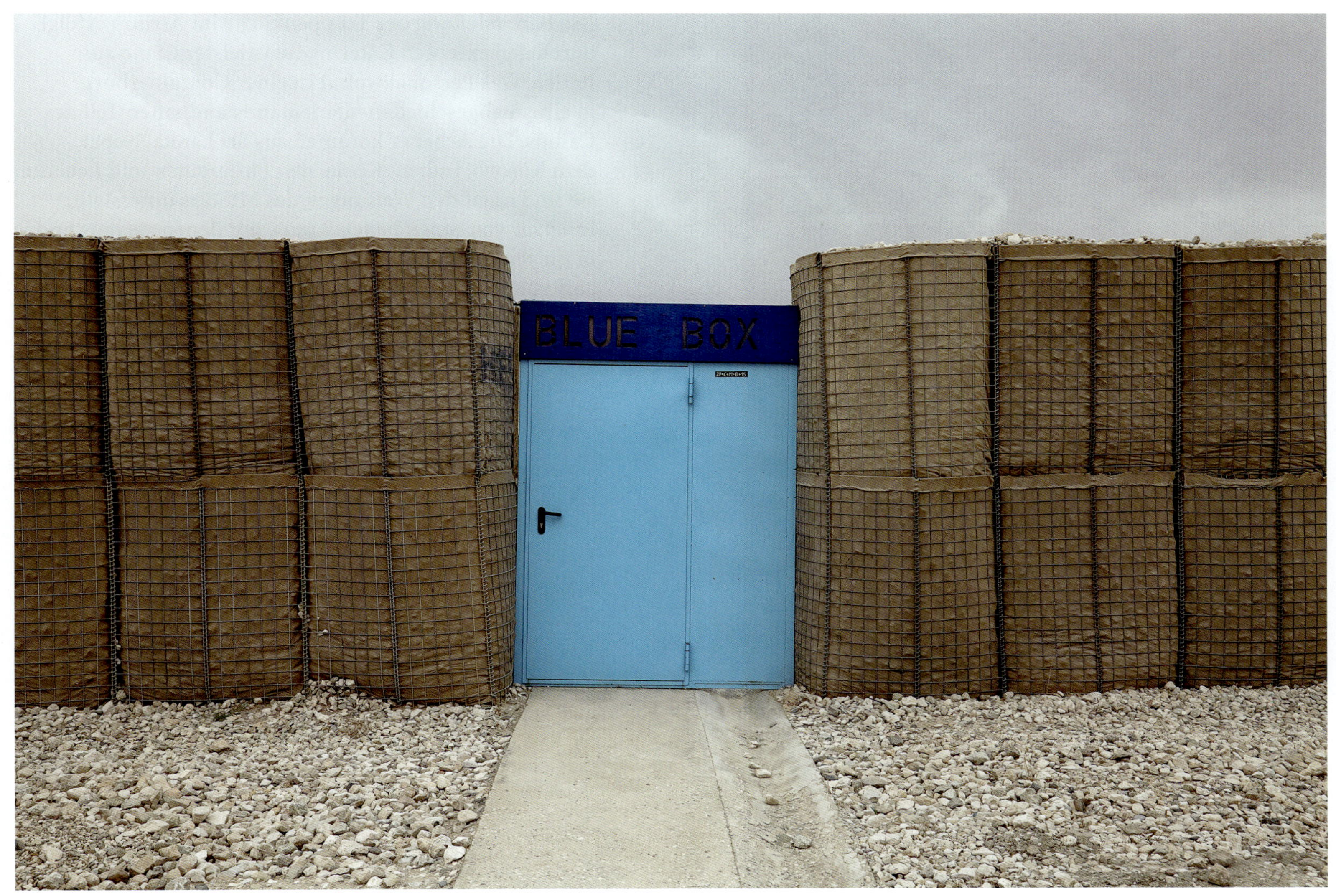

Ein Staubsturm kommt auf und hüllt das Lager in ein unwirkliches, kulissenhaft beiges Licht. Der Wind pfeift und heult an den Gebäuden entlang und ausgerechnet am Ehrenhain der toten Soldaten entsteht ein unterweltliches Wimmern, dazu ein hohes metallenes Klopfen an den Fahnenmasten. Irgendwann wird auch der Aufklärungsballon eingeholt, weil eh nichts mehr zu sehen ist. Am Abend wird in der Oase im Atrium wie jeden Montag um 20 Uhr ein Film gezeigt. Es läuft *I Am Number Four* – ein amerikanischer Highschool-Fantasy-Film, der von Außerirdischen handelt, die optisch von Menschen nicht zu unterscheiden sind und die sich auf der Erde vor anderen Außerirdischen verstecken. Die anderen Außerirdischen haben bereits das ganze Volk derer, die sich verstecken, ausgerottet. Bis auf die neun Übrigen, auf die sie nun auf der Erde Jagd machen. Die Außerirdischen, die wie Menschen aussehen und auf der Flucht sind, können von den anderen nur in einer bestimmten Reihenfolge umgebracht werden (es wird nicht erklärt, weshalb). Der Film erzählt die Geschichte des Vierten in der Reihe, der sich in eine schöne Fotografin verliebt, seine Superkräfte entdeckt und beschließt, mit dem Weglaufen aufzuhören und sich den Feinden zu stellen.

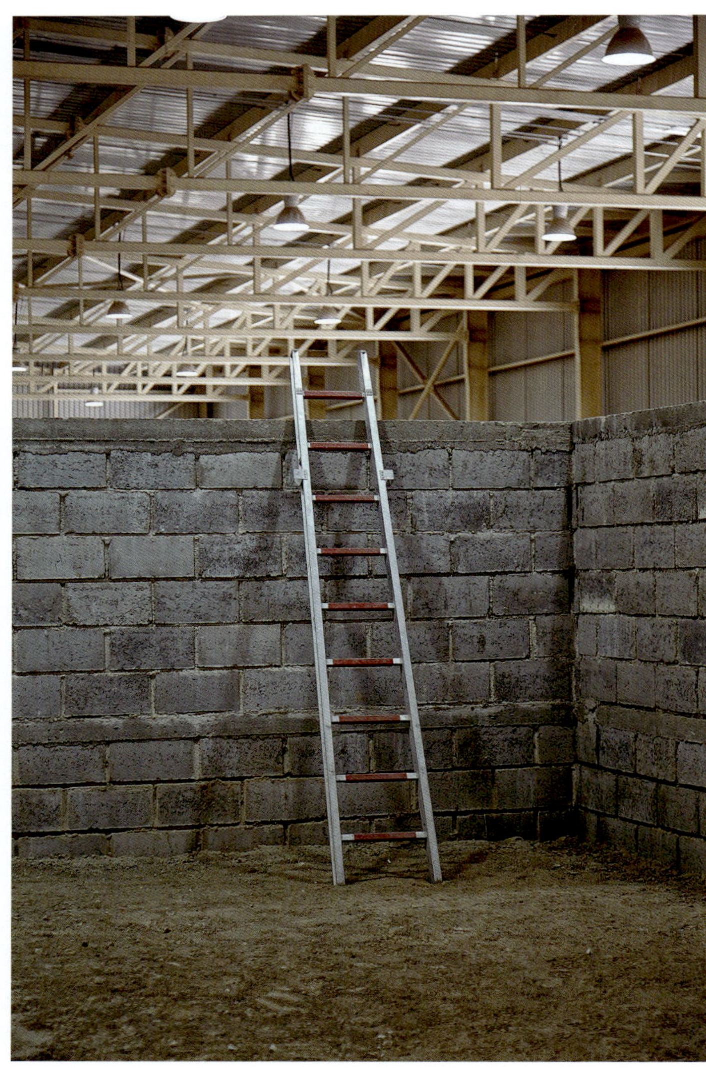

Die Bereitstellung der Truppenküche im Atrium erfolgt durch den externen Cateringdienstleister *Ciano* aus Italien. Das Personal wohnt in einer Containerburg, in einem abgeschiedenen, niemandslandhaften Teil des Camps. Die Arbeiter kommen aus Sri Lanka, Nepal, dem Kosovo, Indien, Kenia, den Philippinen und Ecuador, sie sind nicht den Weisungen des Militärs unterstellt. Ein paar von ihnen haben Autos, mit denen sie raus und in die Stadt fahren können, wann sie wollen. Sie erhalten außerhalb des Camps keinen Geleitschutz und sind nicht bewaffnet.

Nicht die vielen kleinen Nebentheken, die nahezu alle militärischen Arbeitsbereiche zusätzlich zur offiziellen Versorgung im Atrium unterhalten, sondern diese Containerburg der Küchendienstleister, ist wohl die eigentliche Subkultur im Camp.

Der Chefkoch der Truppenküche stammt aus Deutschland und arbeitet seit elf Jahren für *Ciano* in Afghanistan. Deutschland, sagt er, habe er bei seinem letzten Versuch zurückzugehen einfach nicht mehr ausgehalten.
In der Truppenküche stehen lange Tischreihen nebeneinander, an denen die Soldatinnen und Soldaten aus verschiedenen Nationen sitzen und essen. Mit ausreichend Übung erkennt man im Vorbeigehen an den über die Teller gebeugten Rücken die jeweilige Nationalität am Design der Uniformjacken. Der Wüstenstaub und das Gestrüpp werden durch sehr unterschiedliche Muster auf den Uniformen imitiert. Das Insektenschutzmittel, mit dem die Uniformen imprägniert sind, führt bei häufigem Waschen zu einer leichten Rosafärbung des Stoffes.
An diesem Rosa erkennt man die Veteranen. Zumindest diejenigen, die selten eine neue Uniform beantragen.

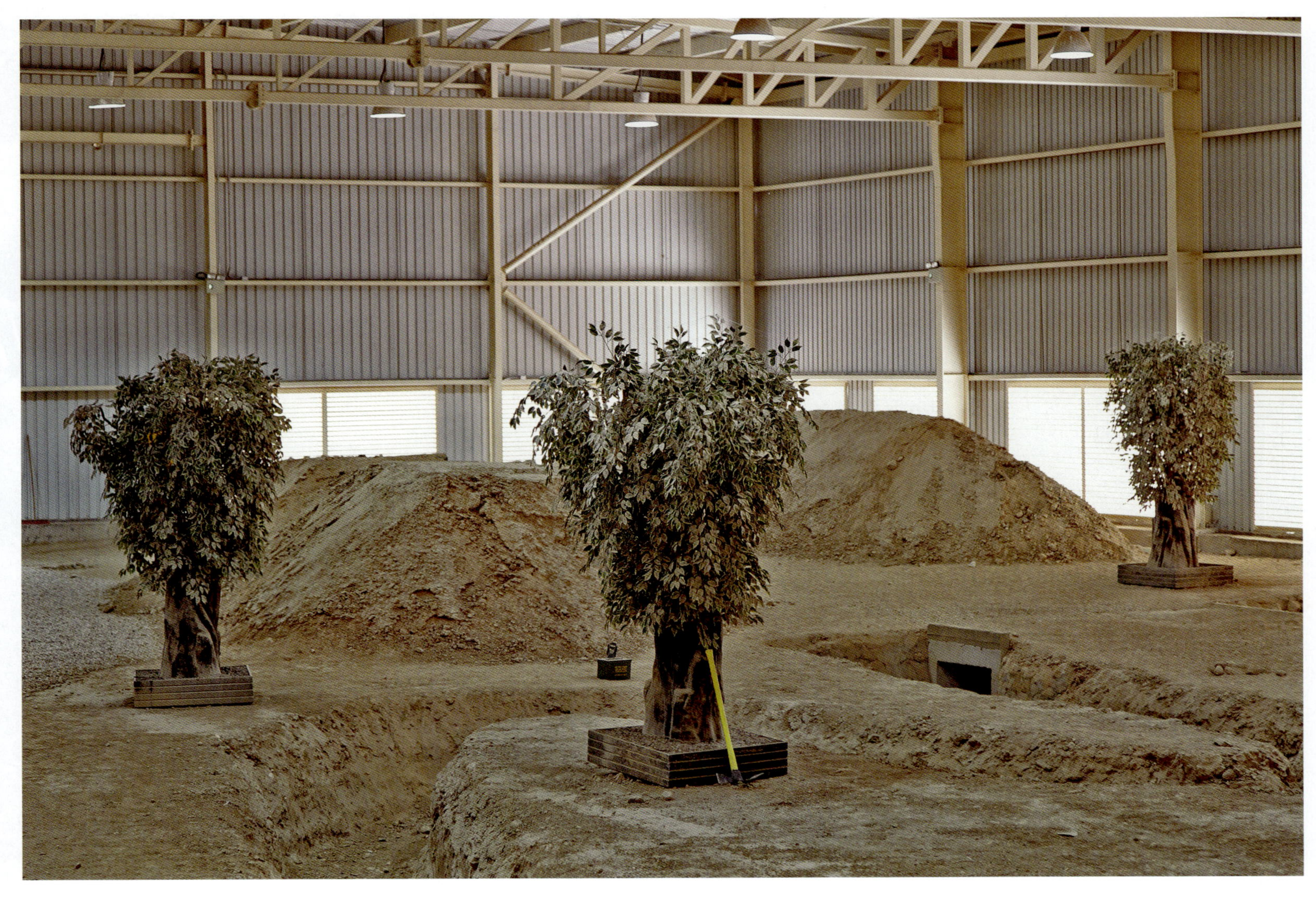

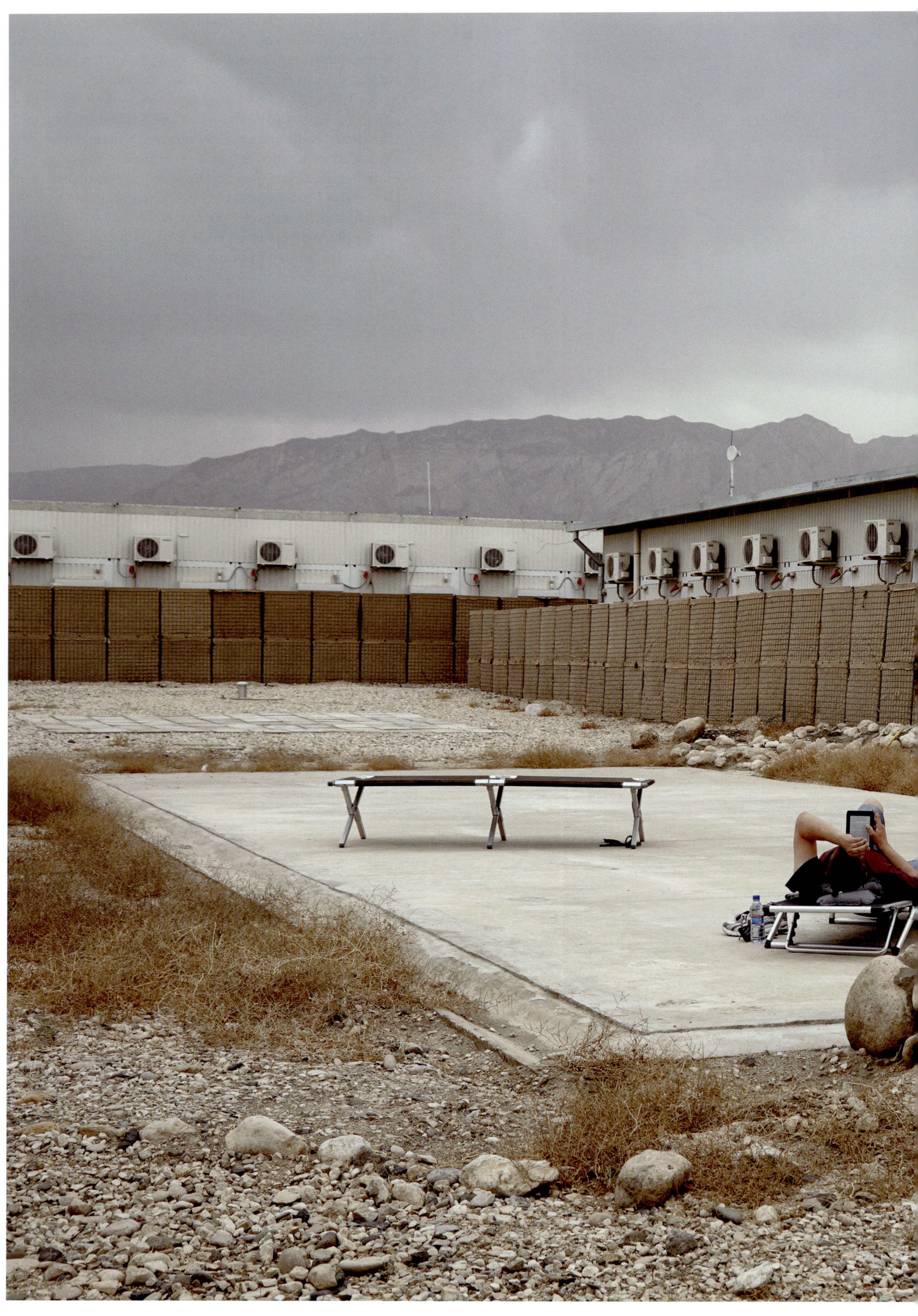

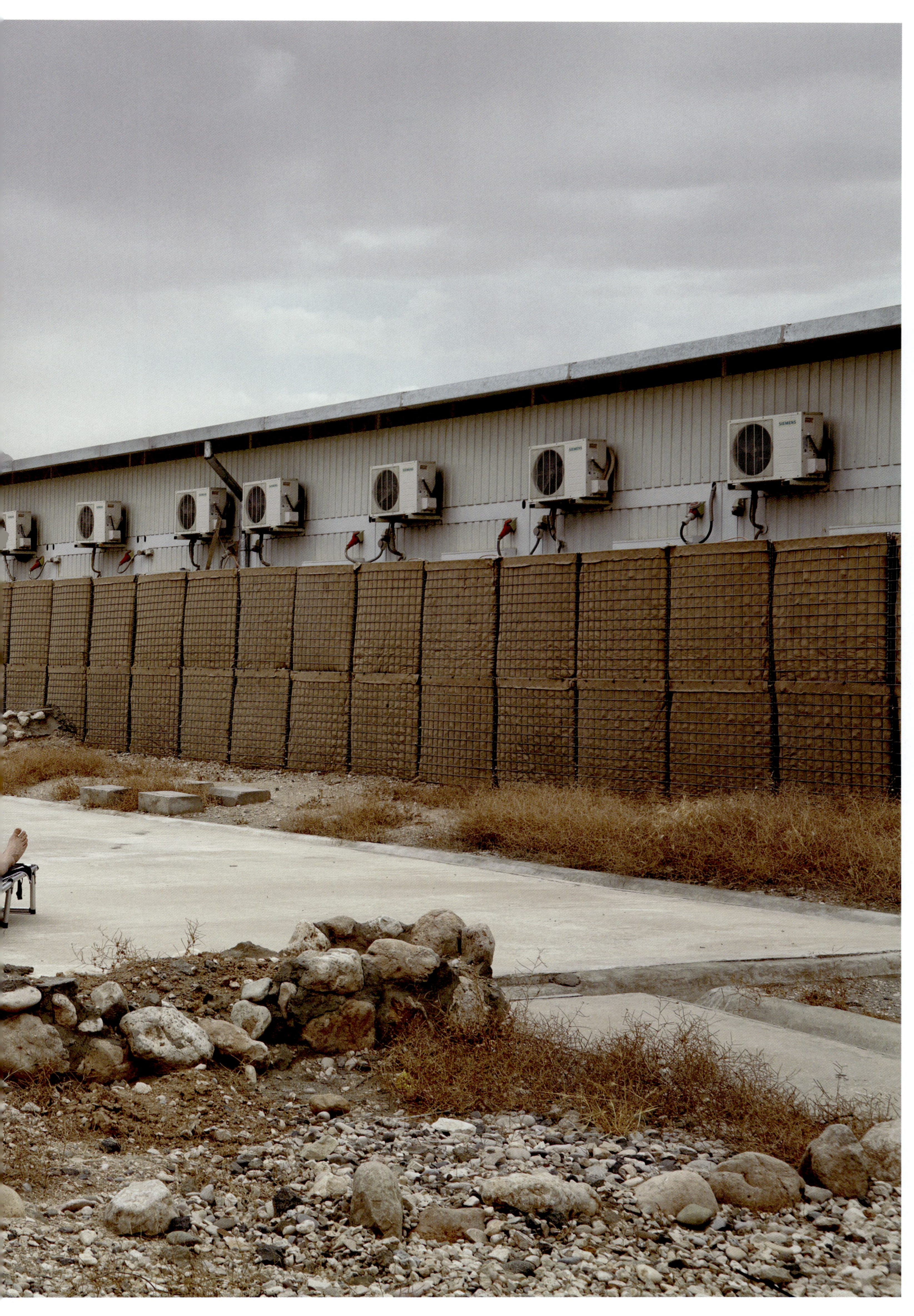
SIEMENS

[77]

[78]

[79]

Vom ehemaligen amerikanischen Viertel im Camp sind nur noch die Fundamente übrig geblieben. Ein weites Feld aus Betonplatten im Boden. Manchmal gibt es Zeichen, die auf die Art der Verwendung schließen lassen. Auf einer der Platten befinden sich die Spielfeldlinien einer Turnhalle.

[81]

[82]

[83]

[84]

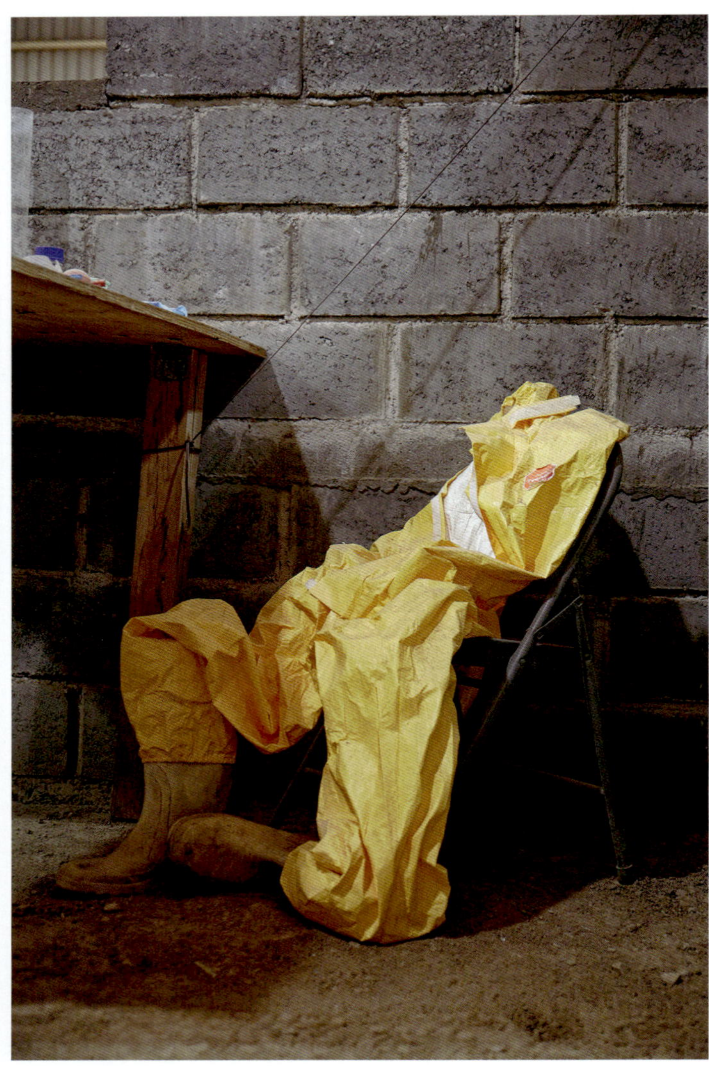

[86]

[87]

Das amerikanische Kontingent lebte in Zelten, die auf den Betonfundamenten aufgestellt waren und jetzt vollständig abgebaut sind. Neben jedem Fundament steht ein kleiner Unterschlupf aus Beton für den Fall eines Luftangriffes.

Theater of War: „An area or place in which important military events occur or are progressing. The Theater of War can include the entirety of the air space, land and sea area that is or that may potentially become involved in war operations.“

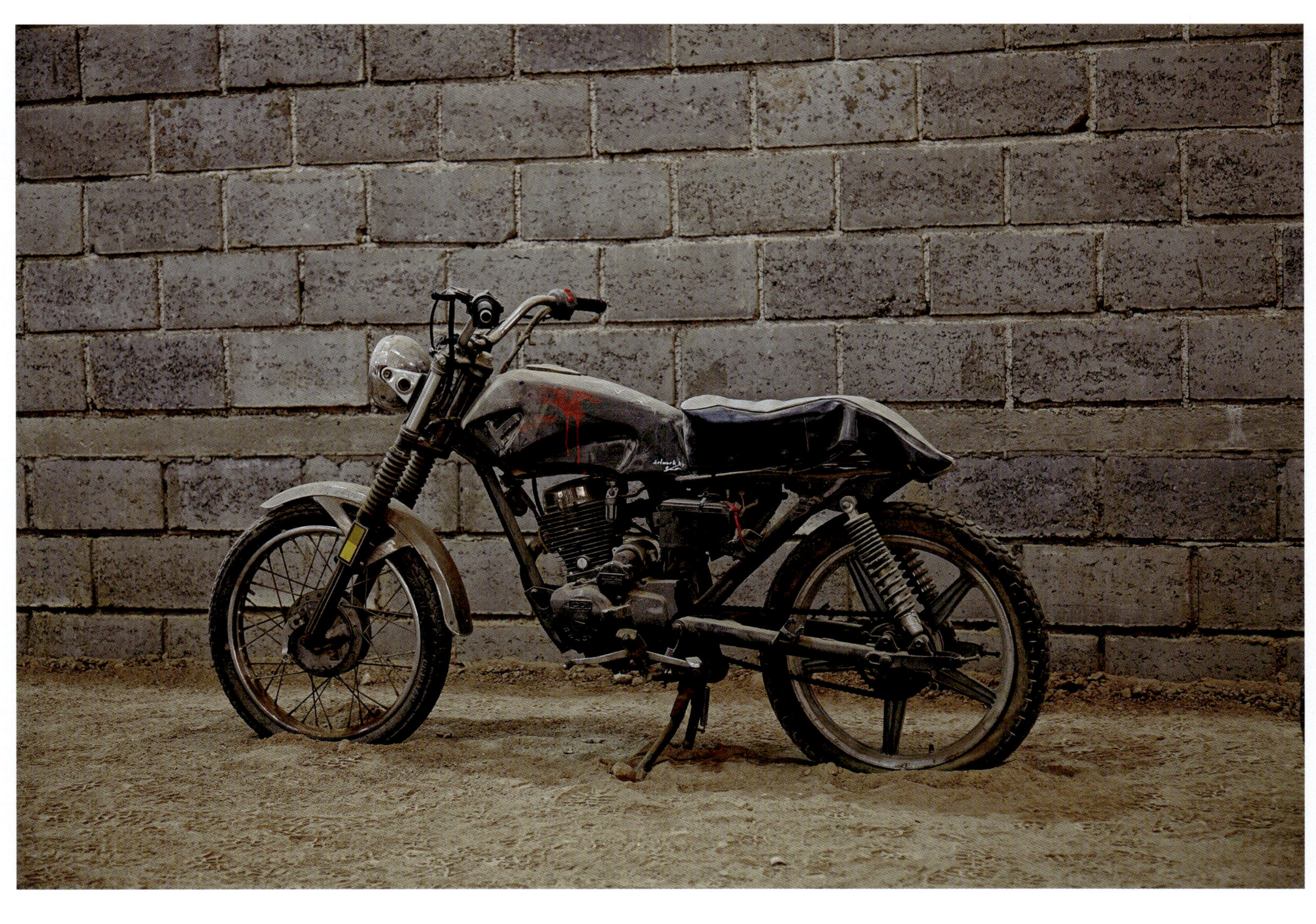

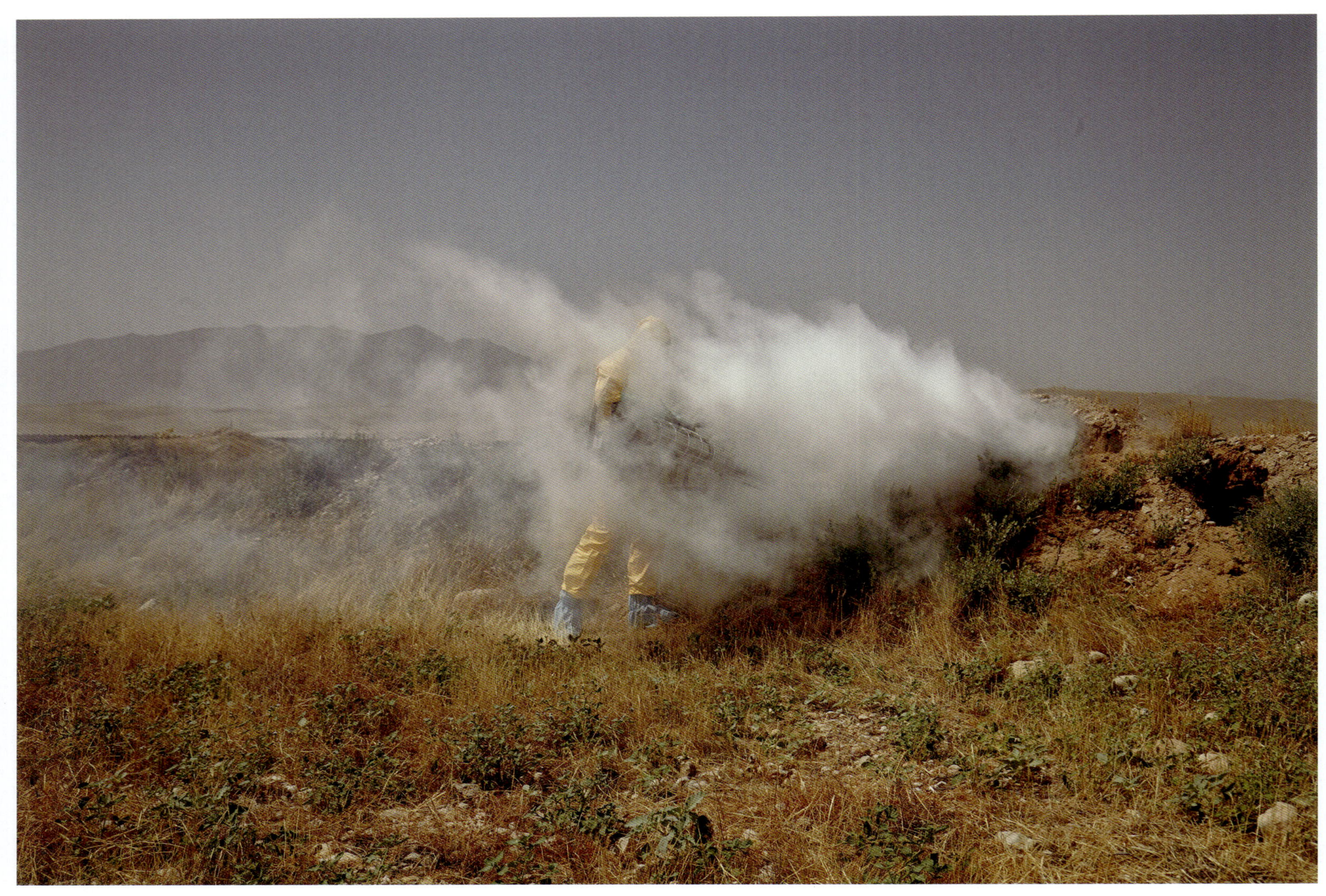

In der Jurte des mongolischen Oberbefehlshabers stehen zwei bettartige Möbel an der Wand, auf denen Soldaten sitzen. Es gibt einen Schrein für den Kriegsgott Ulaan Jamsran, einen Dschingis-Khan-Wandteppich und 34 laminierte Abbildungen der anderen mongolischen Herrscher. Auf einem Flachbildfernseher läuft eine Dokumentation über die Mongolei vom ORF. Einer der Soldaten auf den bettartigen Möbeln wird gebeten, den traditionellen mongolischen Kehlkopfgesang vorzuführen, der auf die Zeit Manduul Khans und eine 500 Jahre alte Begrüßungszeremonie zurückgeht. Für den Soldaten ist aber die Luft zu trocken und zu staubig, er muss beim Singen immer wieder husten und bricht schließlich ab, weil es einfach nicht geht.

[96]

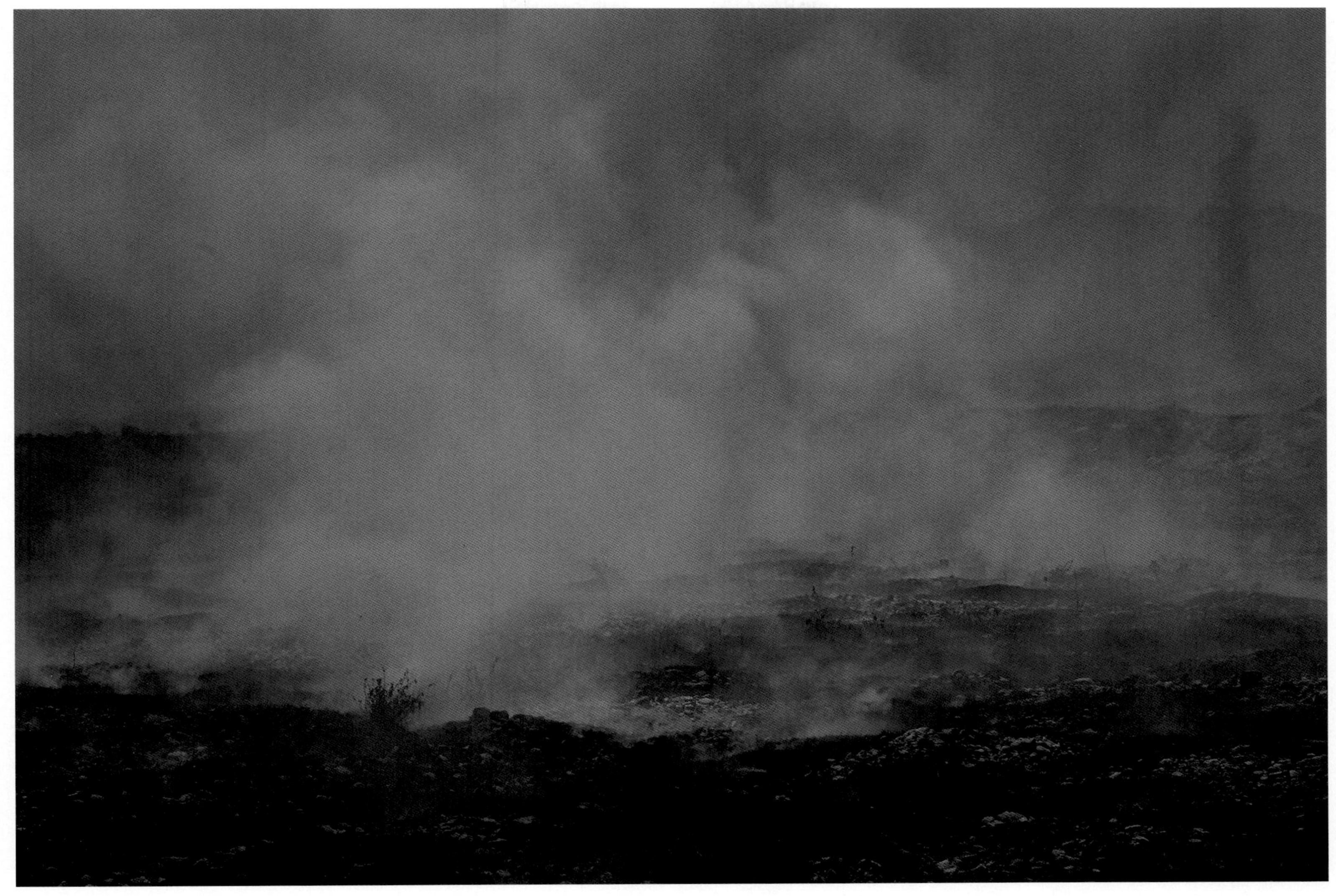

Ausweichend wird auf dem Flachbildfernseher ein Videoclip gezeigt, in dem ein mongolischer Kehlkopfgesangsprofi in traditionellem Gewand bei *Deutschland sucht den Superstar* auftritt und für Dieter Bohlen die Melodie von *Cheri, Cheri Lady* mit seiner speziellen Technik vorträgt.
Danach gibt es noch einen Werbefilm über die Mongolei, der hauptsächlich aus Luftaufnahmen von Ulan Bator besteht, und eine Art Musikvideo, das der Presseoffizier über das Kontingent und seine Zeit im Camp zusammengestellt hat. Zum Abschied erhält jeder Besucher eine Münze des mongolischen Verteidigungsministeriums als Andenken.

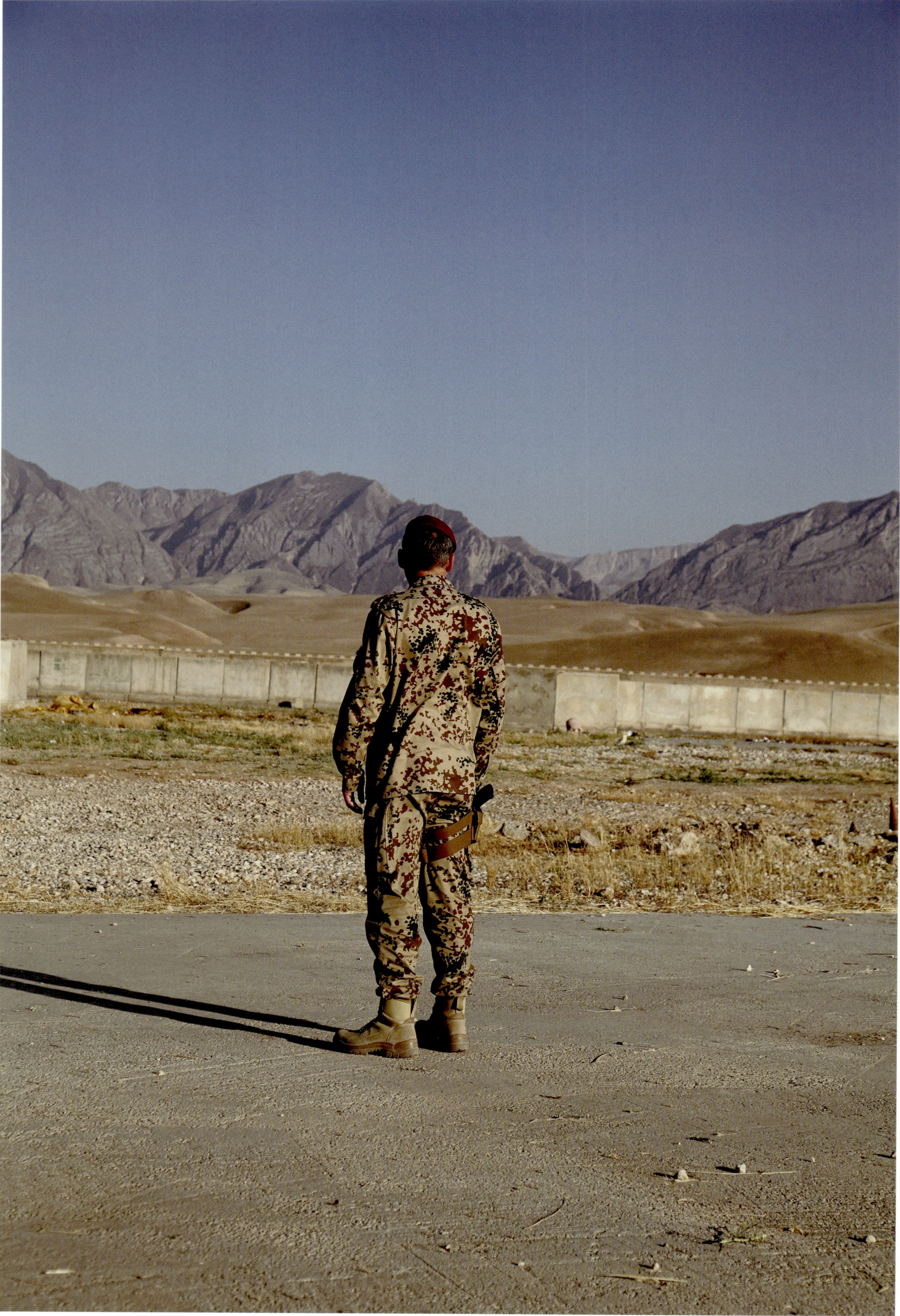

[105]

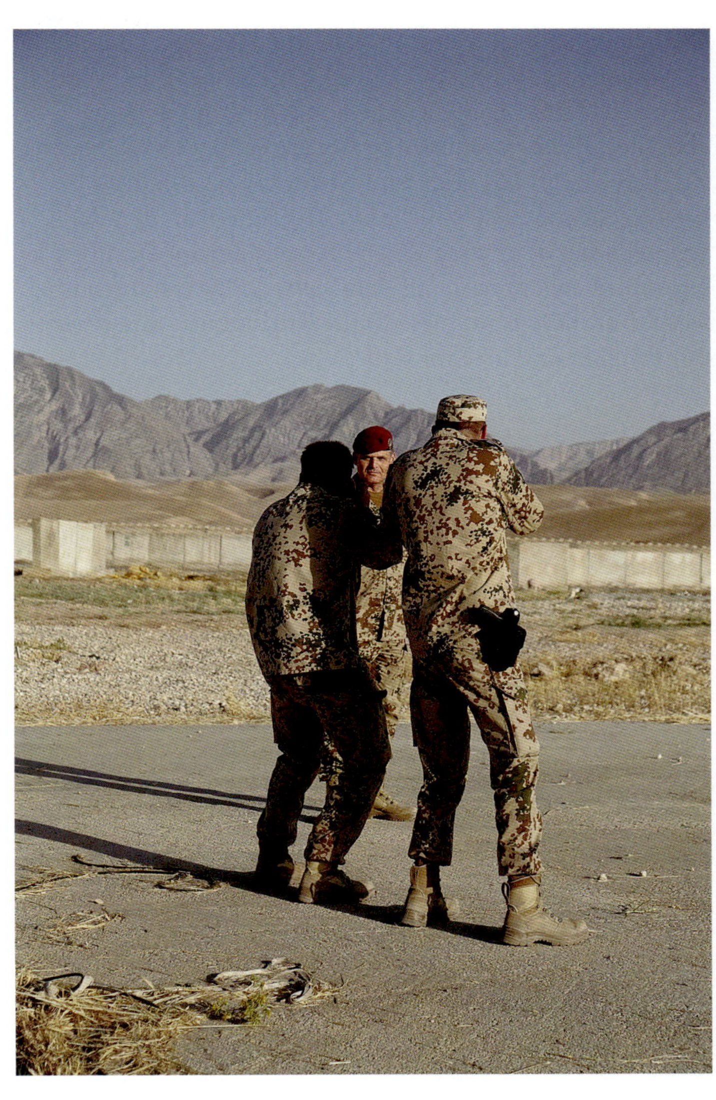

[107]

[108]

Die armenischen Streitkräfte, die zur Sicherung des Camps engagiert und in Deutschland ausgebildet wurden, haben sich eine eigene Kirche auf dem Campgelände errichtet. Es ist bereits die zweite am selben Ort. Die erste Kirche bestand aus Holz und ist vor ein paar Jahren niedergebrannt. Zwei verkohlte Holztafeln an den Backsteinwänden der neuen Kirche zeugen davon. Draußen ist ein Schild angebracht, auf dem steht: „Fire can burn the walls, but there is no force in the world that could destroy our religion and love for god.“

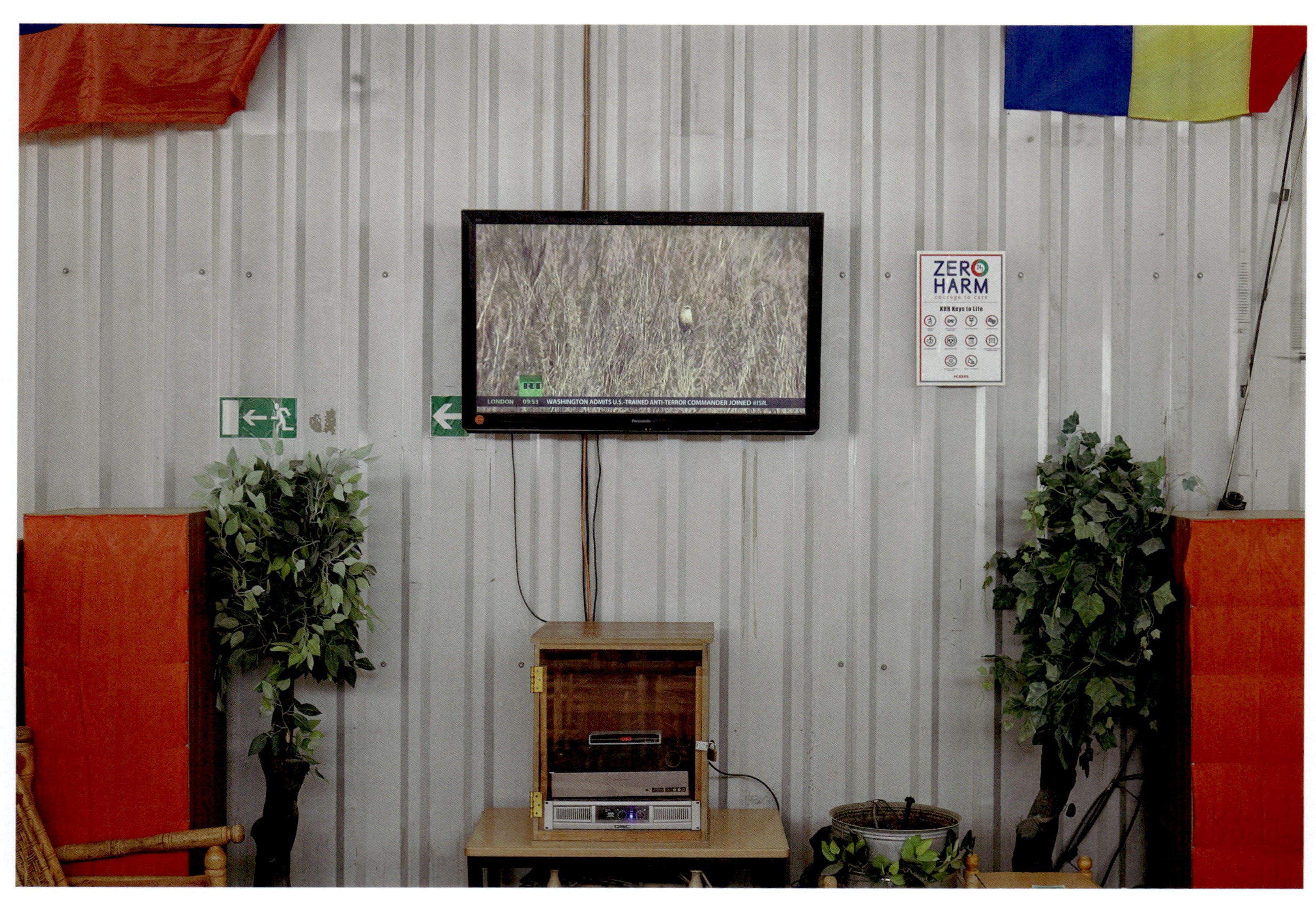

[113] [114]

Die Heiligenbilder in der Kirche und die Wandbemalungen im Containervorzimmer der armenischen Kommandantur wurden sämtlich von Soldaten angefertigt. An einer Wand eine Ansammlung von Flaggen und ein Hinweisschild in Klarsichtfolie: Dies sind die Nationen, die den Genozid an den Armeniern anerkannt haben. Die deutsche Flagge wurde bereits hinzugefügt.

[116]

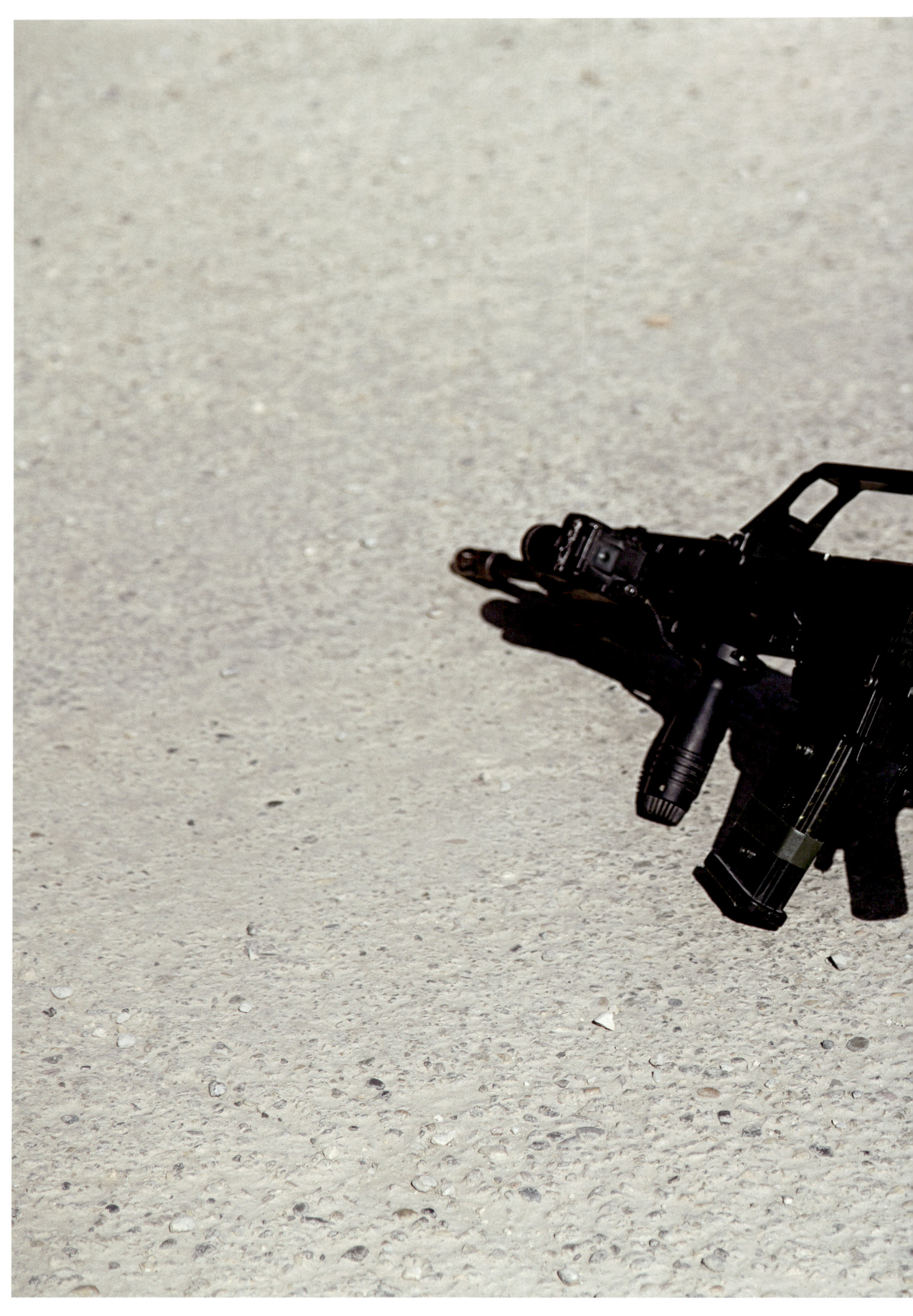

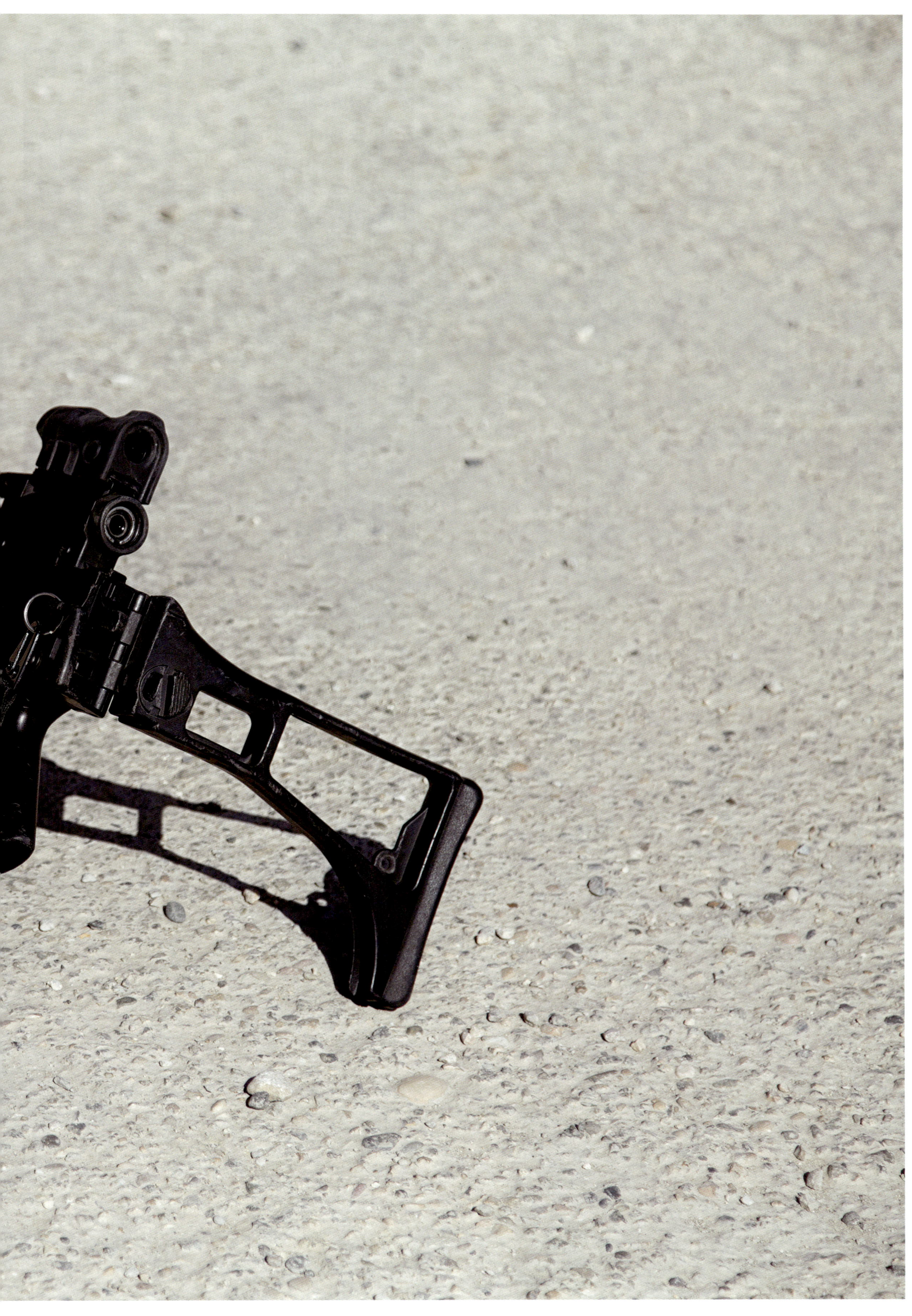

Das Camp verfügt neben der armenischen Kirche über einen Gebetsraum für Muslime und ein christliches Gotteshaus, das im monatlichen Wechsel von evangelischen und katholischen Geistlichen geleitet wird.

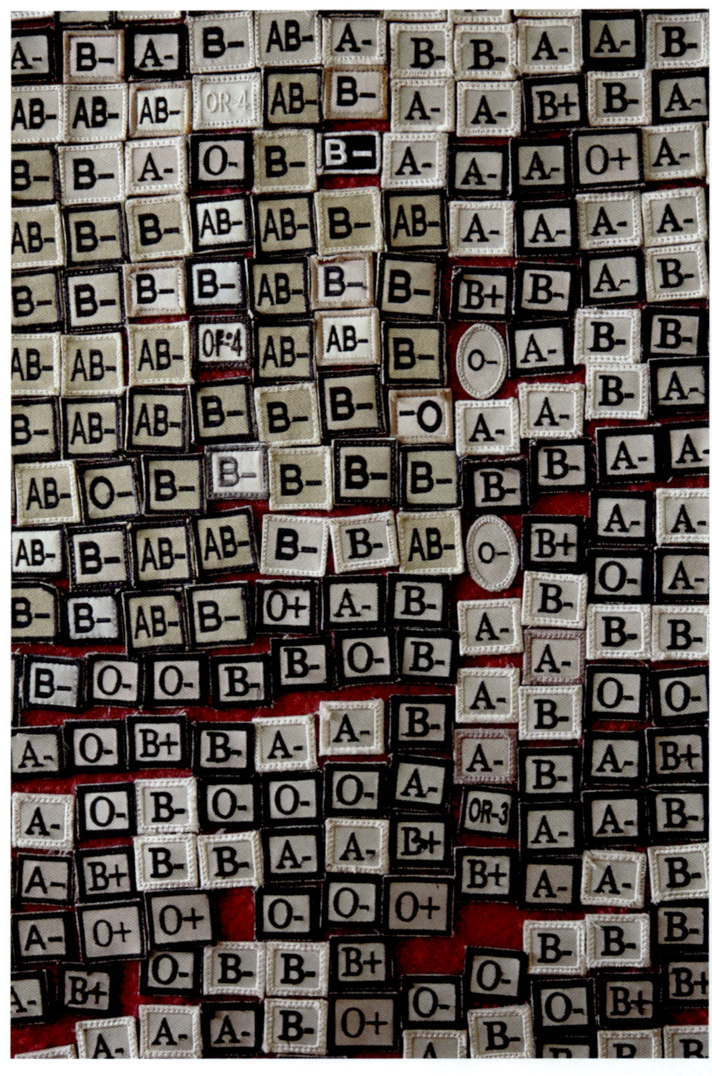

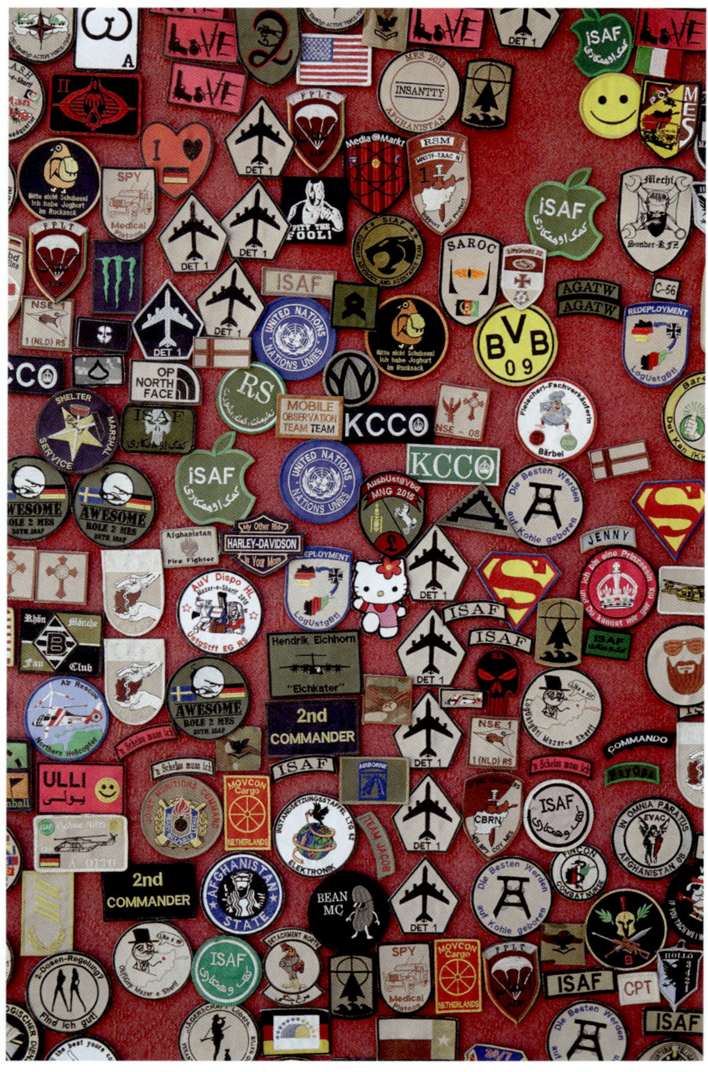

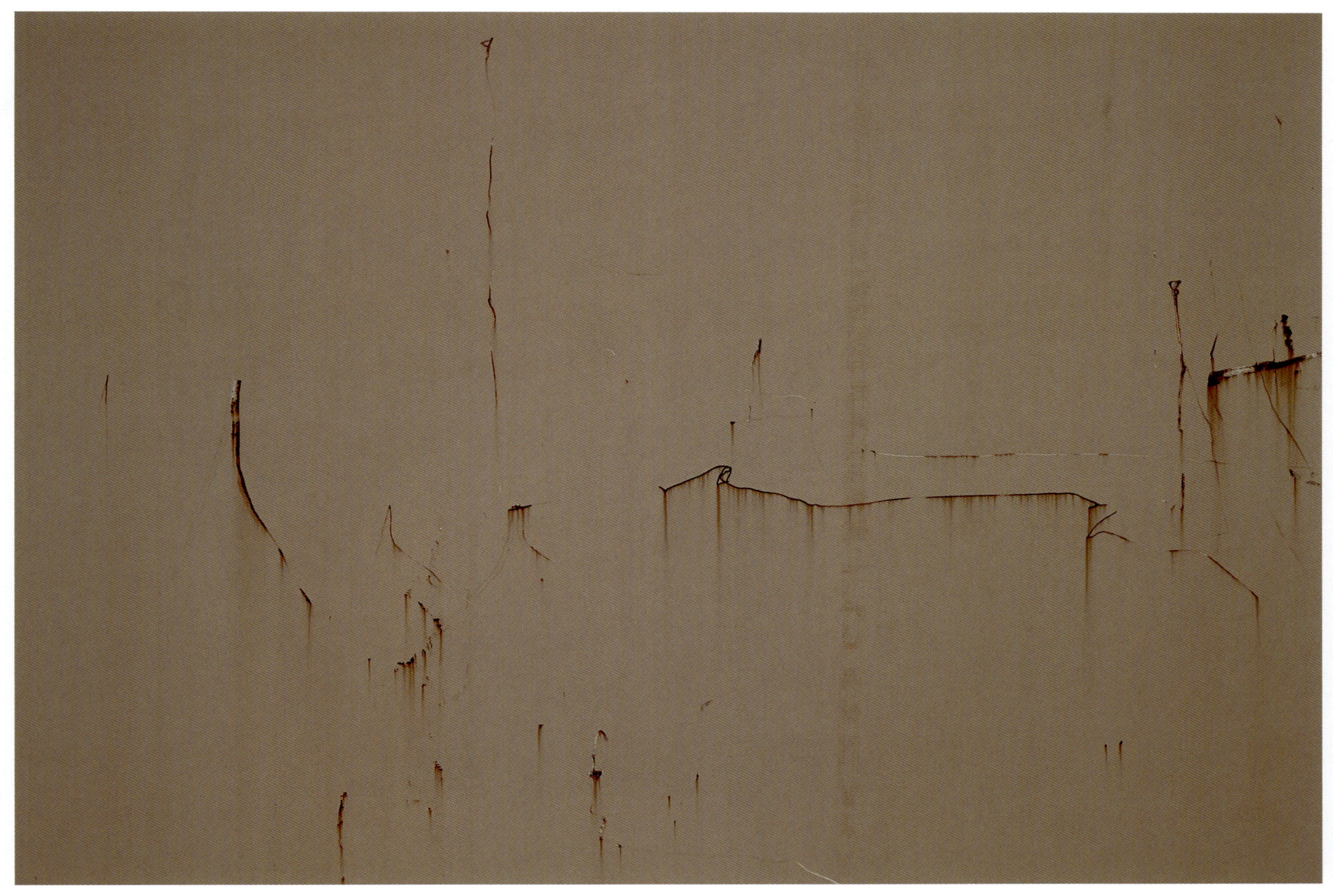

Bereits am Militärflughafen in Köln waren auffallend viele militärspezifische Publikationen von christlichen Verbänden in den Aufstellern für Zeitungen und Magazine zu finden. Ein Irrtum wäre wahrscheinlich, zu glauben, die kirchlichen Einrichtungen versuchten hier unter den Soldaten Mitglieder anzuwerben. Viel näher liegt die Vermutung, dass zwischen der Armee und der Kirche, in ihrem Begründetsein auf Glauben und Vertrauen, der gemeinschaftlichen Befolgung von Weisungen einer höheren Instanz, der Idee, sterben zu können *für* eine Sache oder zumindest unter dem schützenden Schirm eines Sinns, dem Geborgensein in einer alles Individuelle transzendierenden Gruppe und der Überzeugung, in eine noch nicht erlöste Welt den Gedanken einer besseren zu säen wie in einen Garten, eine unleugbare strukturelle Verwandtschaft besteht.

[132]

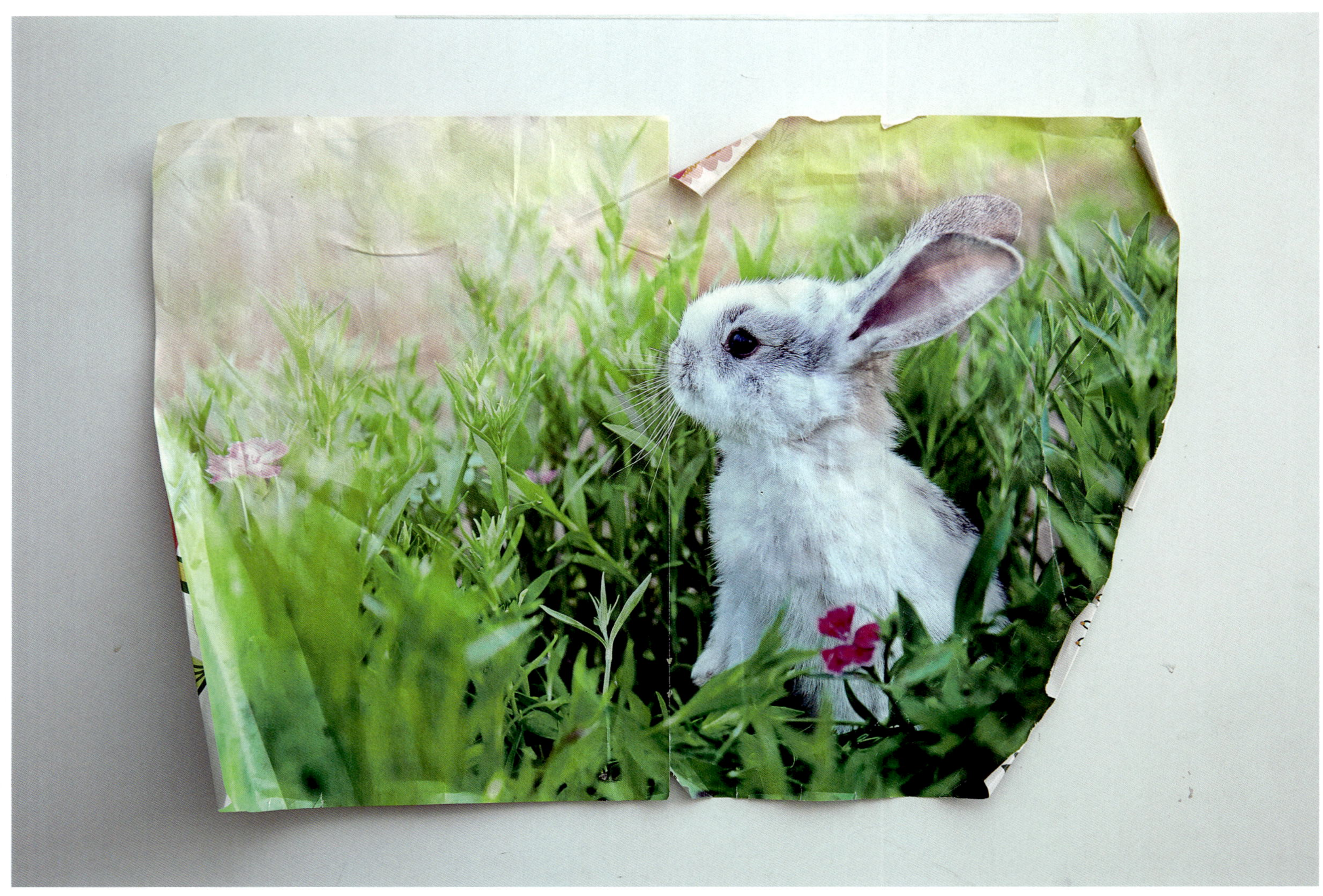

[135]

Der göttliche Gärtner im Garten der menschlichen Seele: „Das Heil ist heute in dieses Herz eingekehrt und ich werde mich nicht mehr seiner Missethaten erinnern. Ich werde bestellen, was zerstört war, aufheben, was gefallen war, und befestigen, was gewankt hat.“

[137]

[138]

[139]

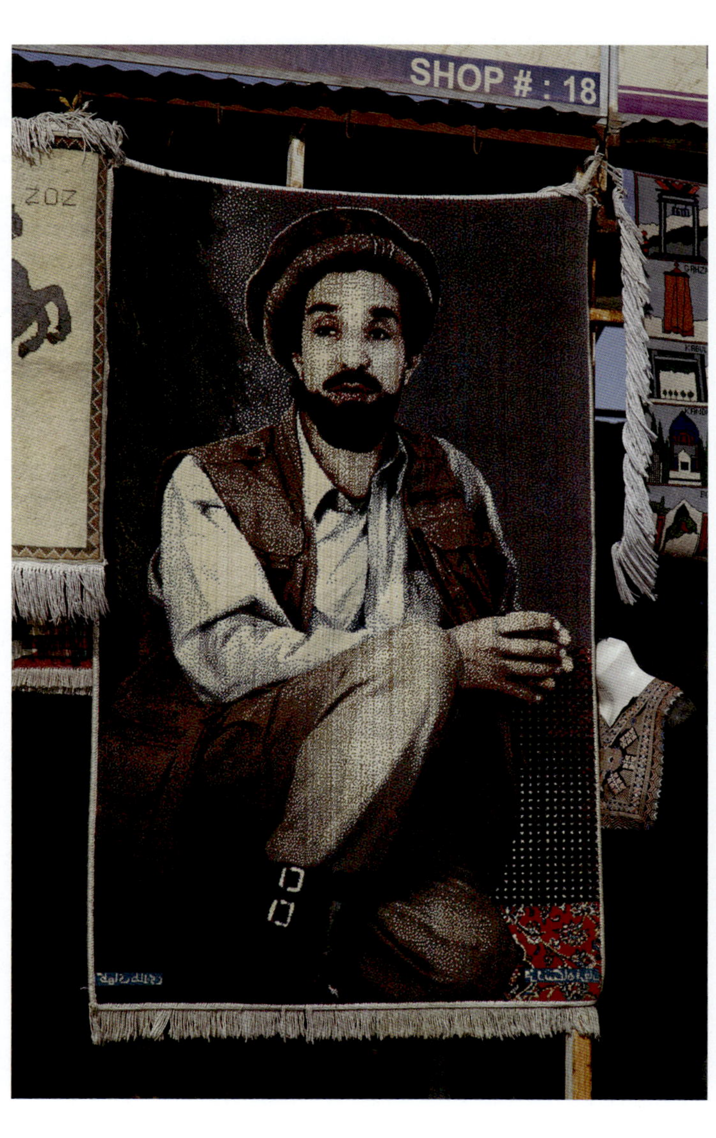

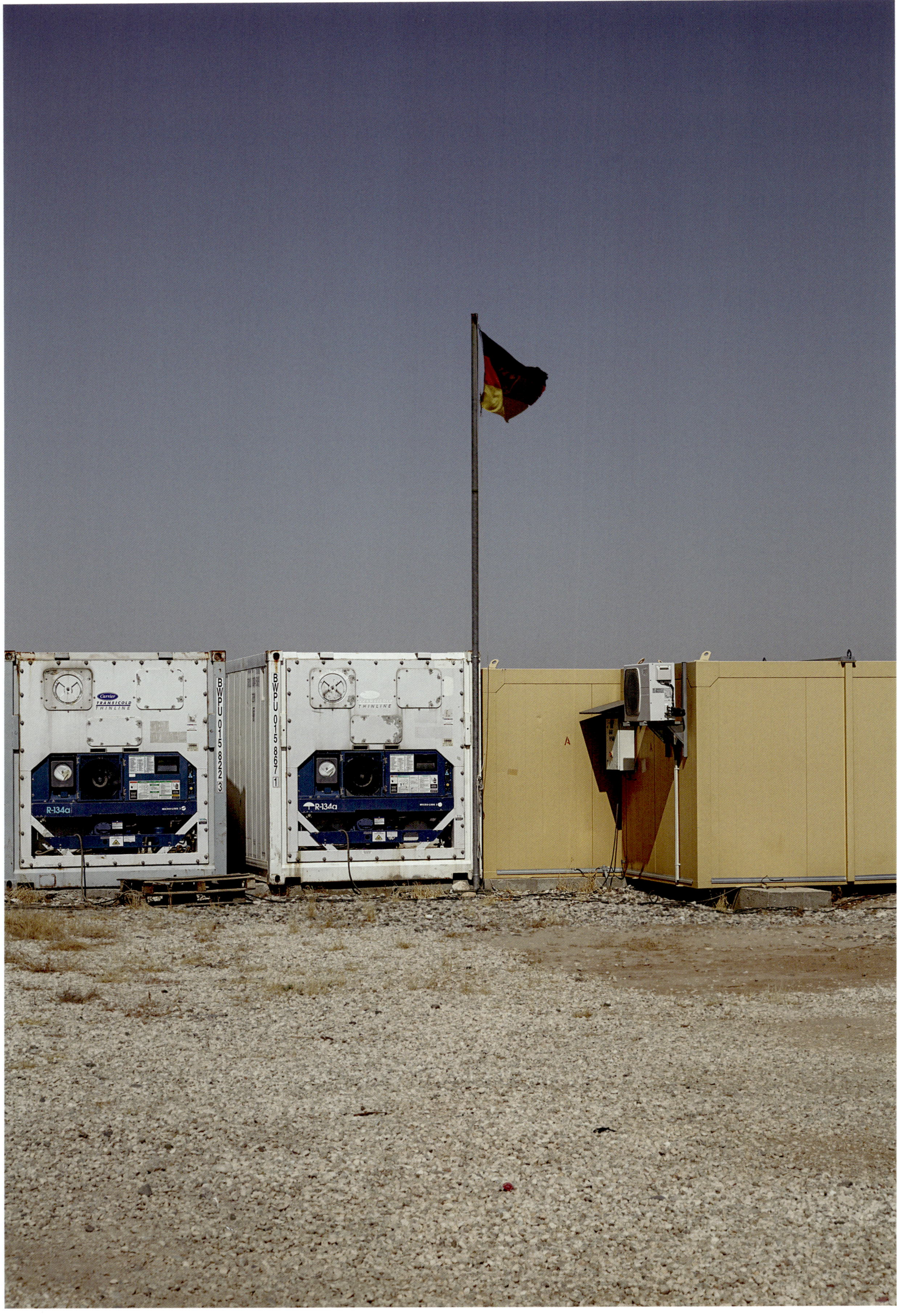
Carrier
TRANSICOLD
THINLINE
BWPU 015 822 3
R-134a
MICRO-LINK 2
BWPU 015 867 1
THINLINE
R-134a
MICRO-LINK 2

Wäschesack,
Zutreffendes bitte ankreuzen:

Tropenhut
Feldbluse
Feldhose
Feldjacke
Unterziehjacke
Unterhemd, braun
Unterhose, braun
Unterhemd, Winter
Unterhemd, lang
Unterhemd, roll, grün
Unterhemd, oliv
Sporthose, kurz
Socken, weiß
Handtuch
Sporttrikot
Trainingsjacke
Taschentuch
Panzerkombi
Socken, braun
Socken, oliv
Feldmütze
Bettlaken
Bettbezug
Kopfkissenbezug
Monteurkombination
T-Shirt
Slip/Unterhose

Schlafanzug
Rock
Damenwäschesack
Schal
Handschuhe
Maske

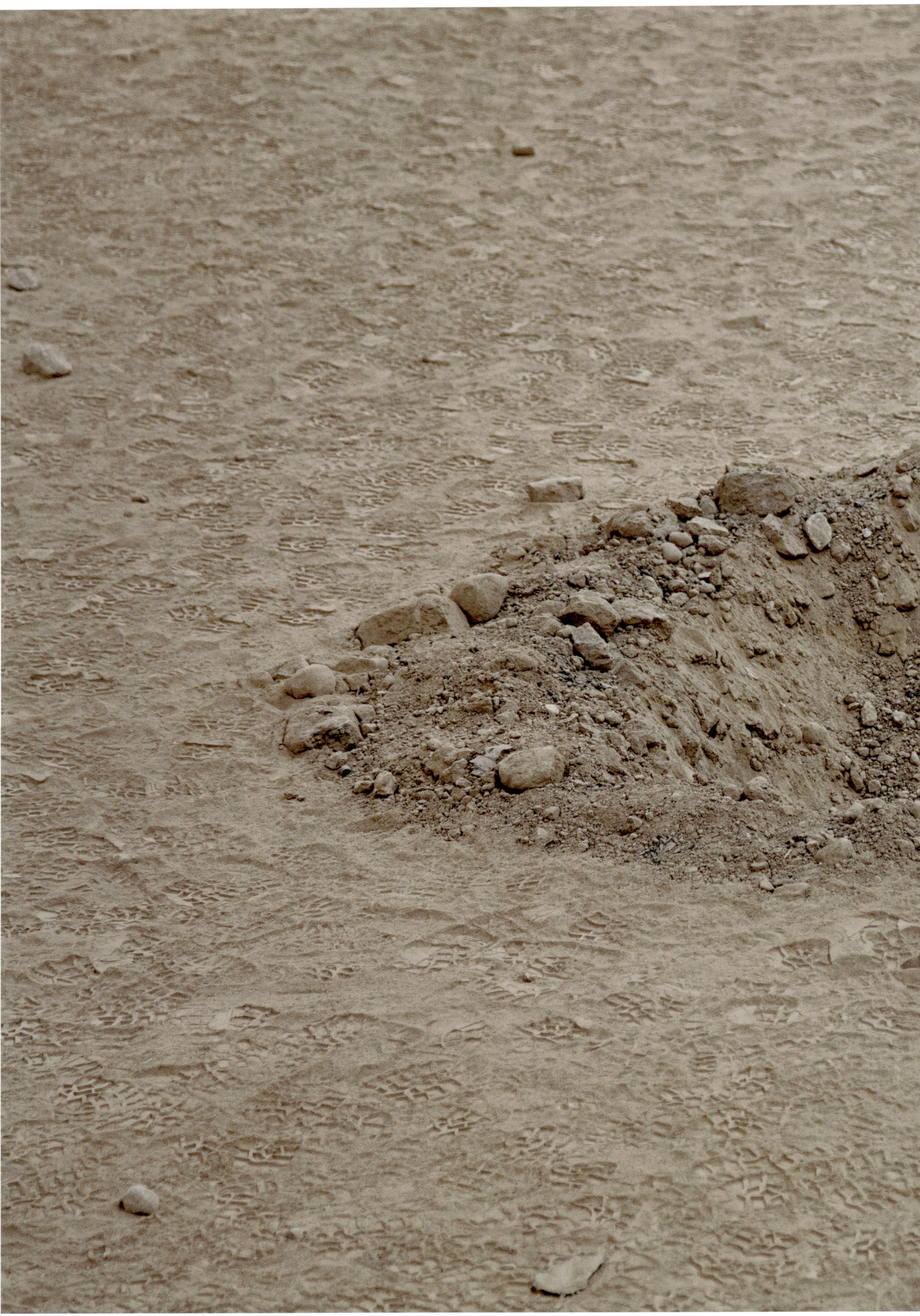

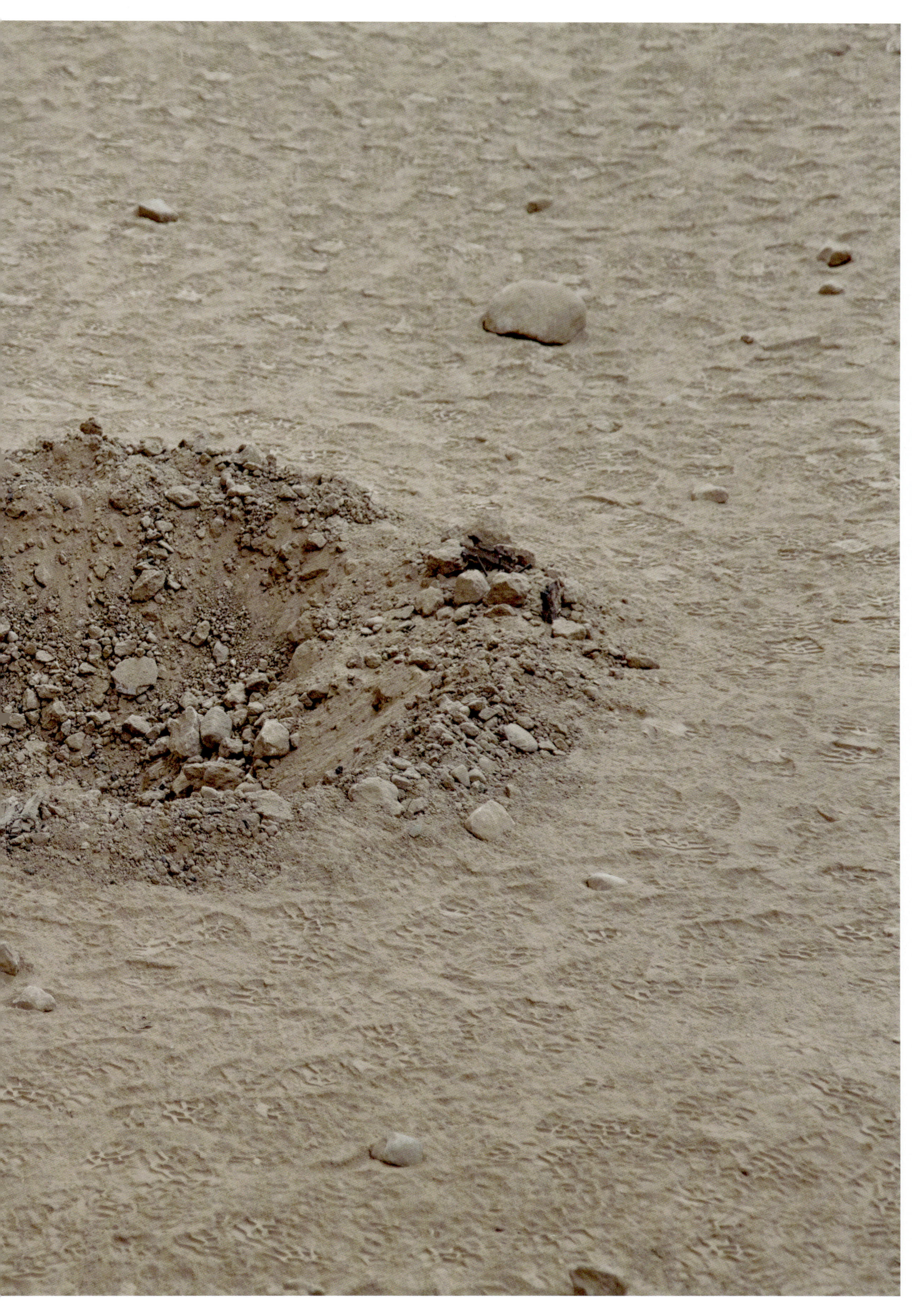

Die Zahl der stationierten Soldatinnen und Soldaten im [158]
Camp wurde im Vergleich zur Spitzenauslastung vor einigen Jahren um fast neunzig Prozent reduziert. Davor fasste das Camp etwa 10.000 Menschen. Die Außengrenzen blieben unverändert. Große Teile des Camps sind unbewohnt. An einigen Straßenkreuzungen befinden sich Einfriedungen aus Betonsperren. Darin manchmal Schrotthaufen, Müll, Gebüsch. Eigentlich müssten auch diese Areale regelmäßig gejätet und geschottert werden, um die Ausbreitung des Gerbils und der ihn begleitenden Sandmücke zu verhindern. Diejenigen aber, die im Camp arbeiten, sagen es immer wieder: Man kann ja nicht überall zugleich sein, dafür müssten wir schon mehr sein, hier arbeitet eh schon jeder für zwei.

Die Gebäude, die nach dem vollständigen Abzug der [160]
Truppen nicht mehr benötigt werden, wird man entweder stehenlassen oder an lokale Unternehmer verkaufen, die sie dann ihrerseits entweder abbauen oder nach Schließung des Camps direkt auf dem Gelände weiterverwenden können. Das größte Problem für jedes Gebäude und jedes Bauvorhaben im Camp aber ist der Boden, auf dem es errichtet wurde. Es handelt sich um ein Kohleschluff-Gemisch, das leicht unterspült werden kann, was an vielen Stellen im Camp bereits zu einseitigem Absacken von Truppenunterkünften und anderen Gebäuden geführt hat. In diesen einseitig abgesackten Unterkünften zu stehen, fühlt sich an, als befände man sich auf einem Schiff, weit draußen auf unruhiger See.

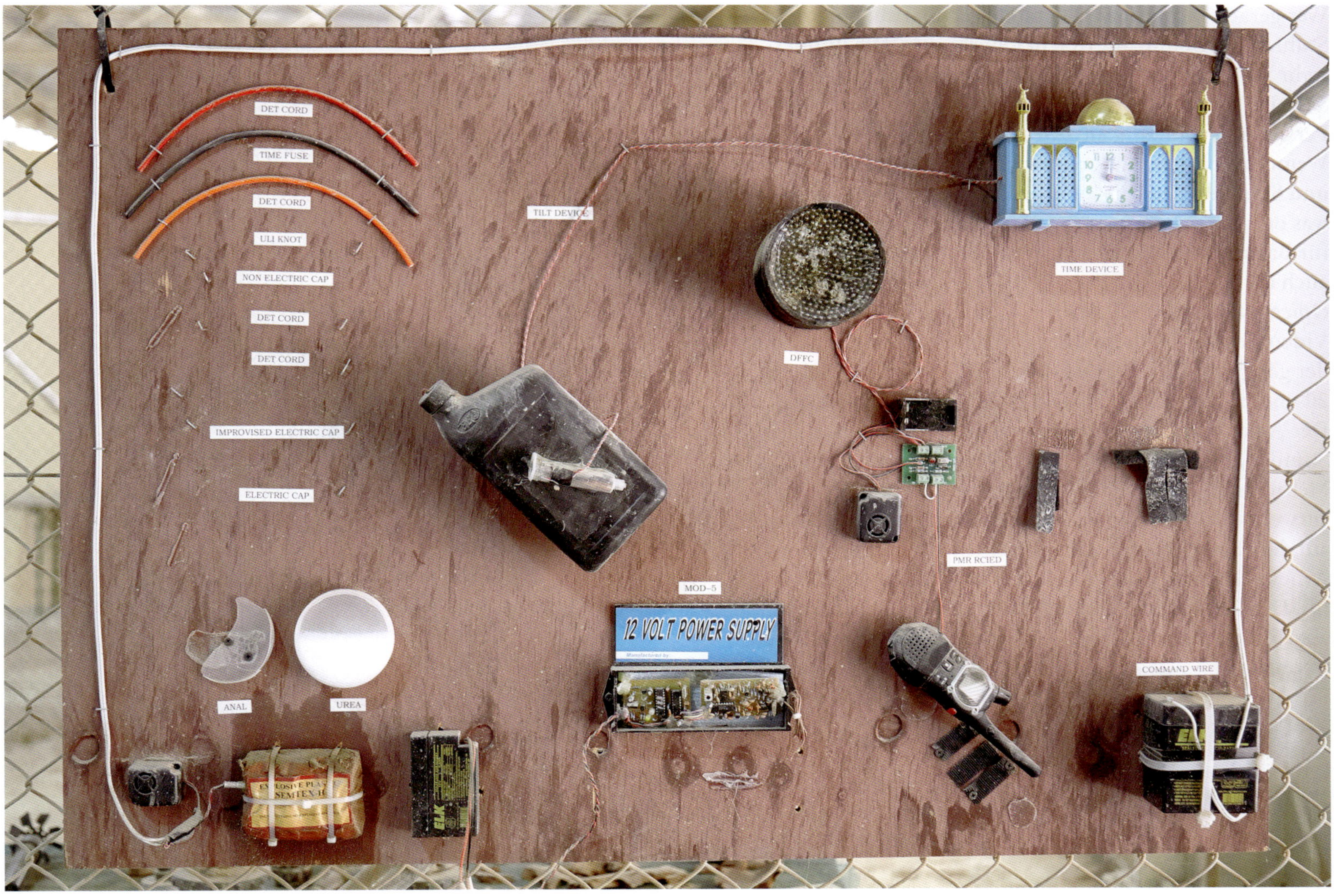

DET CORD
TIME FUSE
DET CORD
ULI KNOT
NON ELECTRIC CAP
DET CORD
DET CORD
IMPROVISED ELECTRIC CAP
ELECTRIC CAP
TILT DEVICE
DFFC
TIME DEVICE
PMR RCIED
MOD-5
12 VOLT POWER SUPPLY
ANAL
UREA
COMMAND WIRE

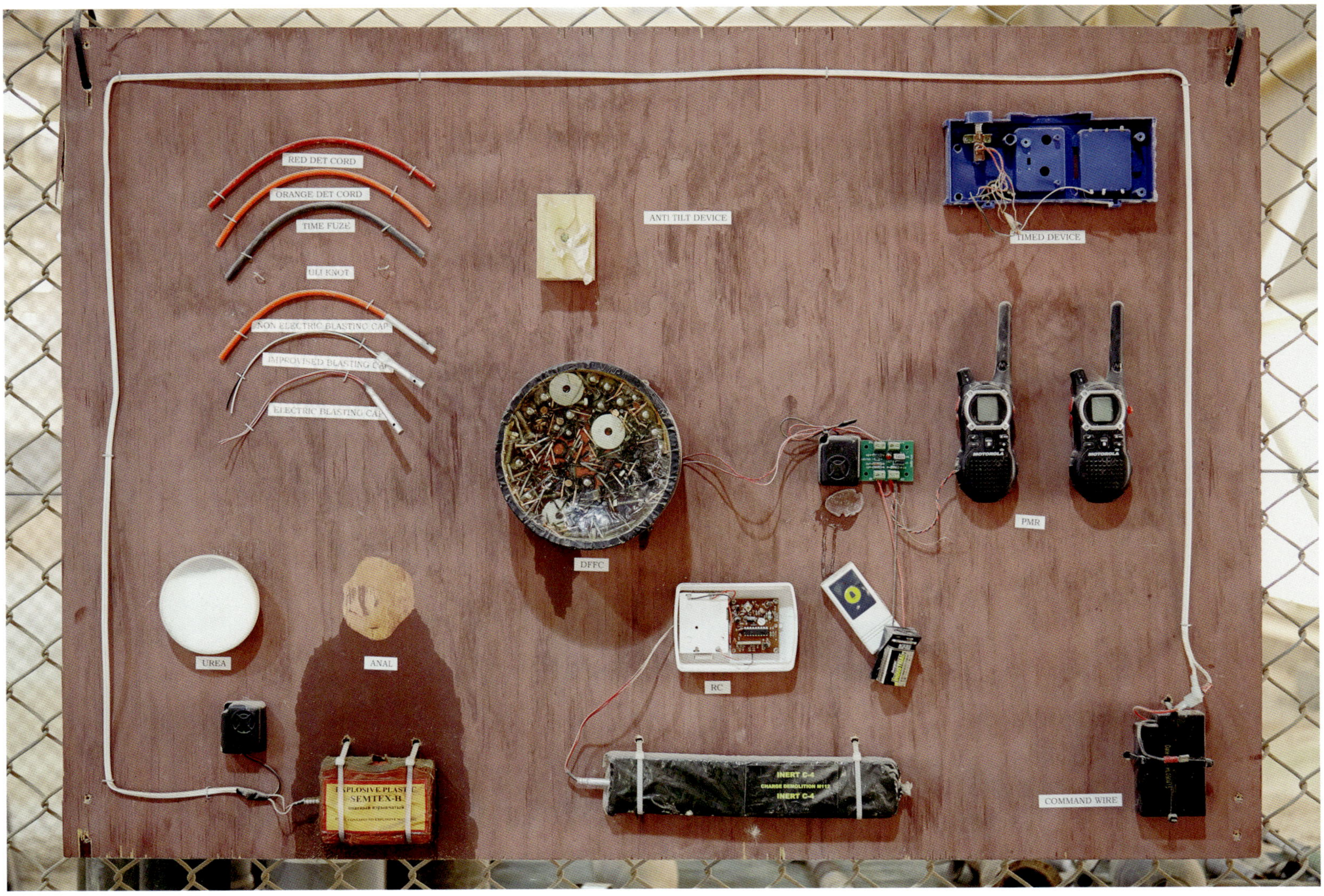

RED DET CORD
ORANGE DET CORD
TIME FUZE
ULI KNOT
NON ELECTRIC BLASTING CAP
IMPROVISED BLASTING CAP
ELECTRIC BLASTING CAP
ANTI TILT DEVICE
TIMED DEVICE
PMR
DFFC
UREA
ANAL
RC
INERT C-4
COMMAND WIRE

Wer gerade nicht arbeitet, sitzt manchmal auf einem Stuhl in der Sonne mit freiem Oberkörper. Die Bundeswehr verfügt über ein eigens für den Einsatz hergestelltes Sonnenschutzprodukt, das alle im Camp befindlichen Personen regelmäßig aufzutragen angehalten sind. Wenn es nichts für sie zu tun gibt, erhalten die Soldatinnen und Soldaten *Zeit ZBV* (zur besonderen Verwendung), was oftmals sicher ein abgekürzter Euphemismus ist für Basteln und Warten, Kickern und Rauchen. Es besteht auch die Möglichkeit zum Sport. Das *Morale & Welfare Office* führt einige Bücher zur Ausleihe, eine kleine Videothek sowie Playstation-Konsolen und eine Auswahl der gängigsten Spiele. Das Biertrinken ist nur zwischen 20 und 22 Uhr gestattet. Es gilt die Zwei-Dosen-Regel. Der Ablauf der Einsatzzeit, die noch verbleibenden Tage, Stunden, Minuten und Sekunden, sowie die steigenden Mehreinnahmen durch den steuerfreien Auslandsverwendungszuschlag lassen sich mithilfe der AVZ-App auf dem Smartphone nachvollziehen. Für den Rechner am Arbeitsplatz gibt es ein ähnliches Programm, den *Motivator*. Hier sind verschiedene Frauen auf dem Bildschirm abgebildet, die mit Ablauf der Einsatzzeit immer nackter werden.

[166]

[167]

Nach dem ersten Monat der Eingewöhnung, dem Kennenlernen der Umstände und einer ersten Phase der Lethargie, setzt bei vielen im Ausland stationierten Soldatinnen und Soldaten ein kompensatorischer Baudrang ein. Kreativität entsteht im Innern des Camps, wie auch außerhalb überall, in der Hauptsache aus Mangel und Langeweile. Am deutlichsten sichtbar wird dieser Hang zur kreativen Beschäftigung in den Nebentheken und den individuellen Rückzugsräumen, an den Rückseiten der Container, unter Tarnnetzen oder selbstgebauten Unterständen. Neben handgezimmertem Mobiliar und Grillplätzen sind hier auch verschiedene Laubsägearbeiten zu finden, Malereien, Metallskulpturen, Kleintiergehege, Springbrunnen und Zierpflanzen.

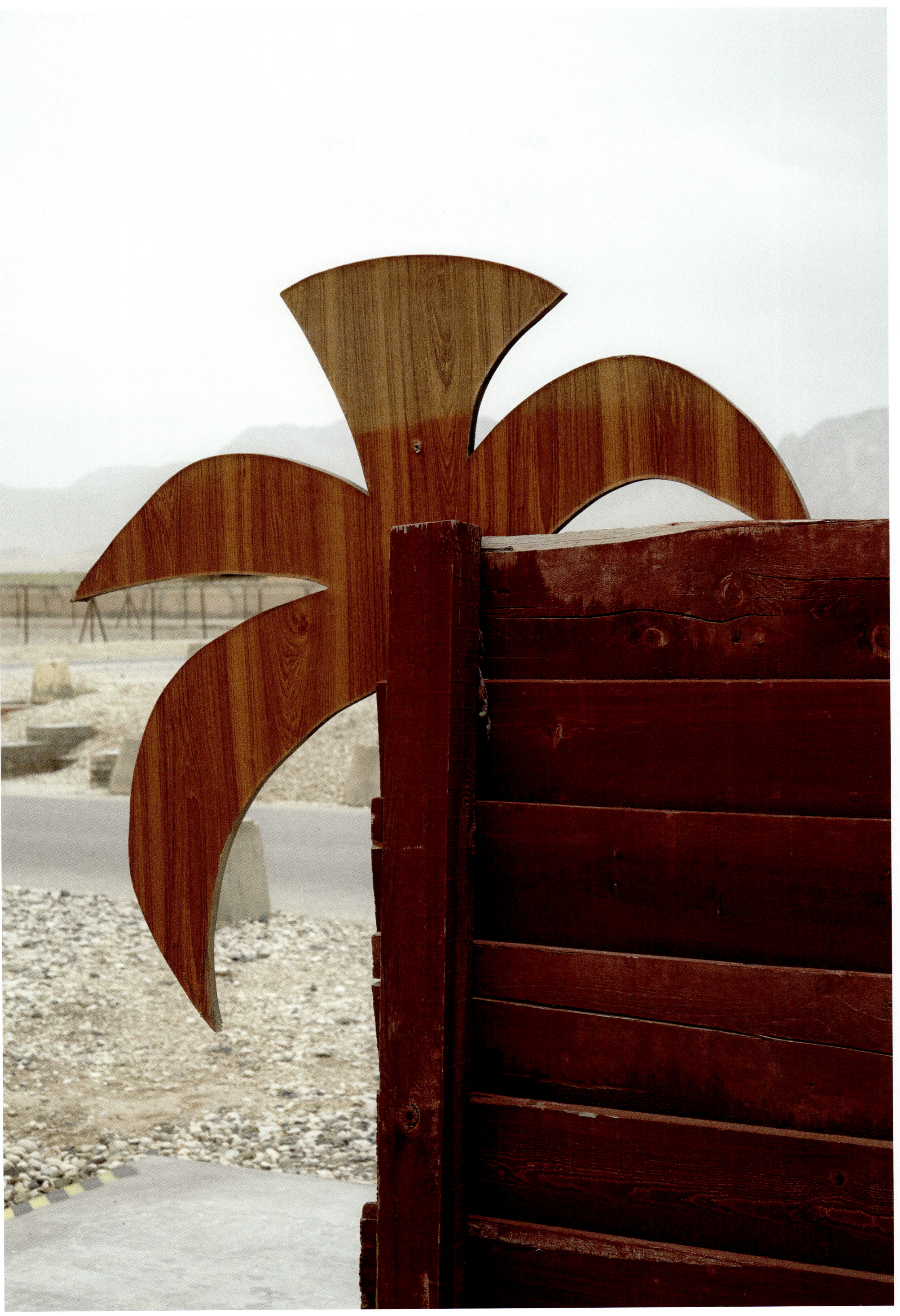

Ich schicke meinen besten Mann – ich komme selbst.

Du weißt doch: Wer im Leuchtturm sitzt, der hat’s am dunkelsten.

Ich bin sowieso unanscheißbar und nur noch mit Liebe zu führen.

Das konfrontiert mich wieder mit meinem alten Problem: Ich bin nur einer.

Arbeitsschutz uns gar nichts nützt, weil er uns nicht vor Arbeit schützt.

Das kann man schon so machen, aber dann wird's halt kacke.

Wie die Leute hier leben, das ist Maslow ganz unten.

Jeder ist verlegbar.

Wir müssen in der Lage sein, bedrohlich zu wirken.

Gestern hab ich doch irgendwas unterschrieben.

Jeder Soldat kann Social Events beantragen, die werden dann auch entsprechend versorgt.

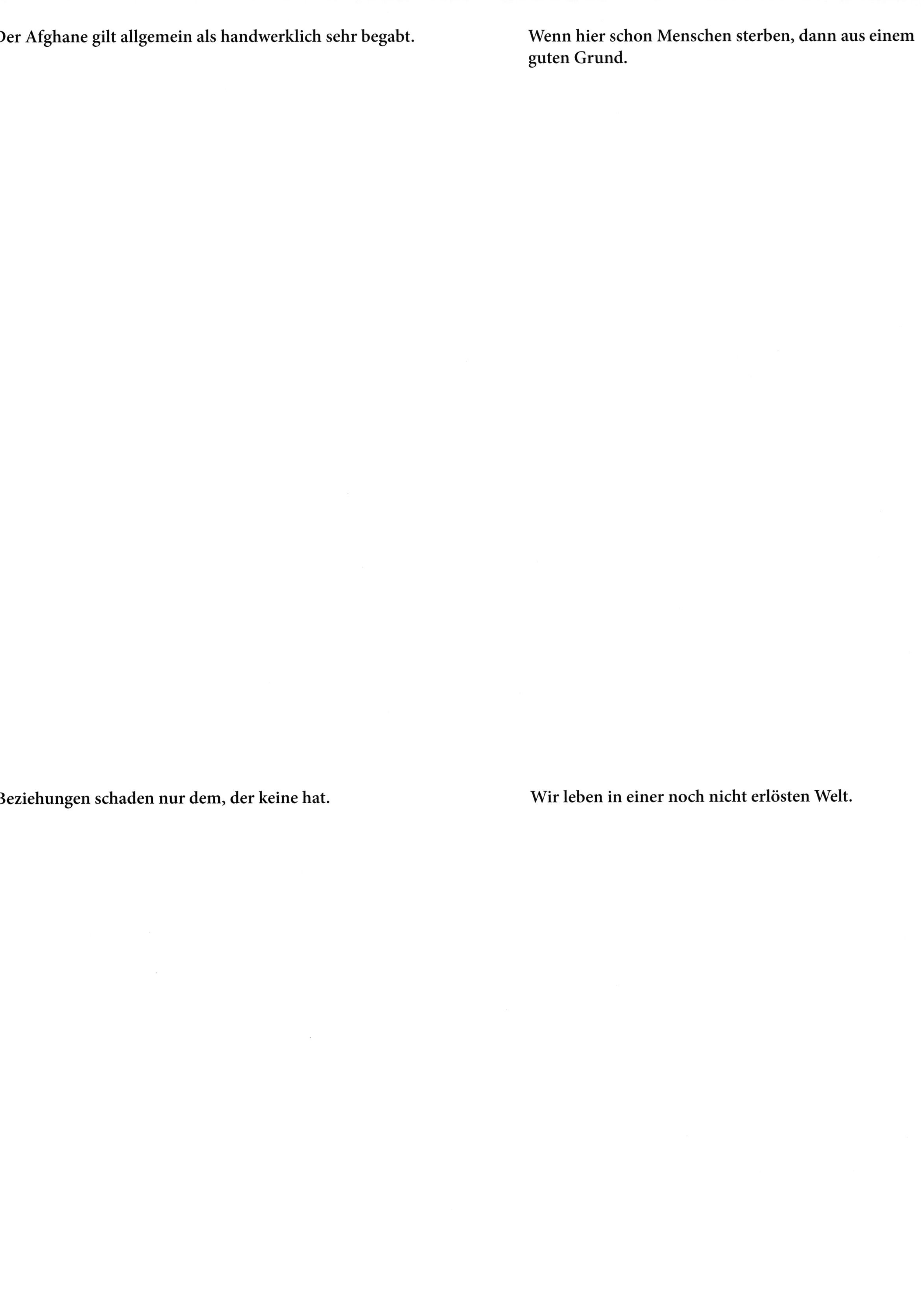

Der Afghane gilt allgemein als handwerklich sehr begabt.

Wenn hier schon Menschen sterben, dann aus einem guten Grund.

Beziehungen schaden nur dem, der keine hat.

Wir leben in einer noch nicht erlösten Welt.

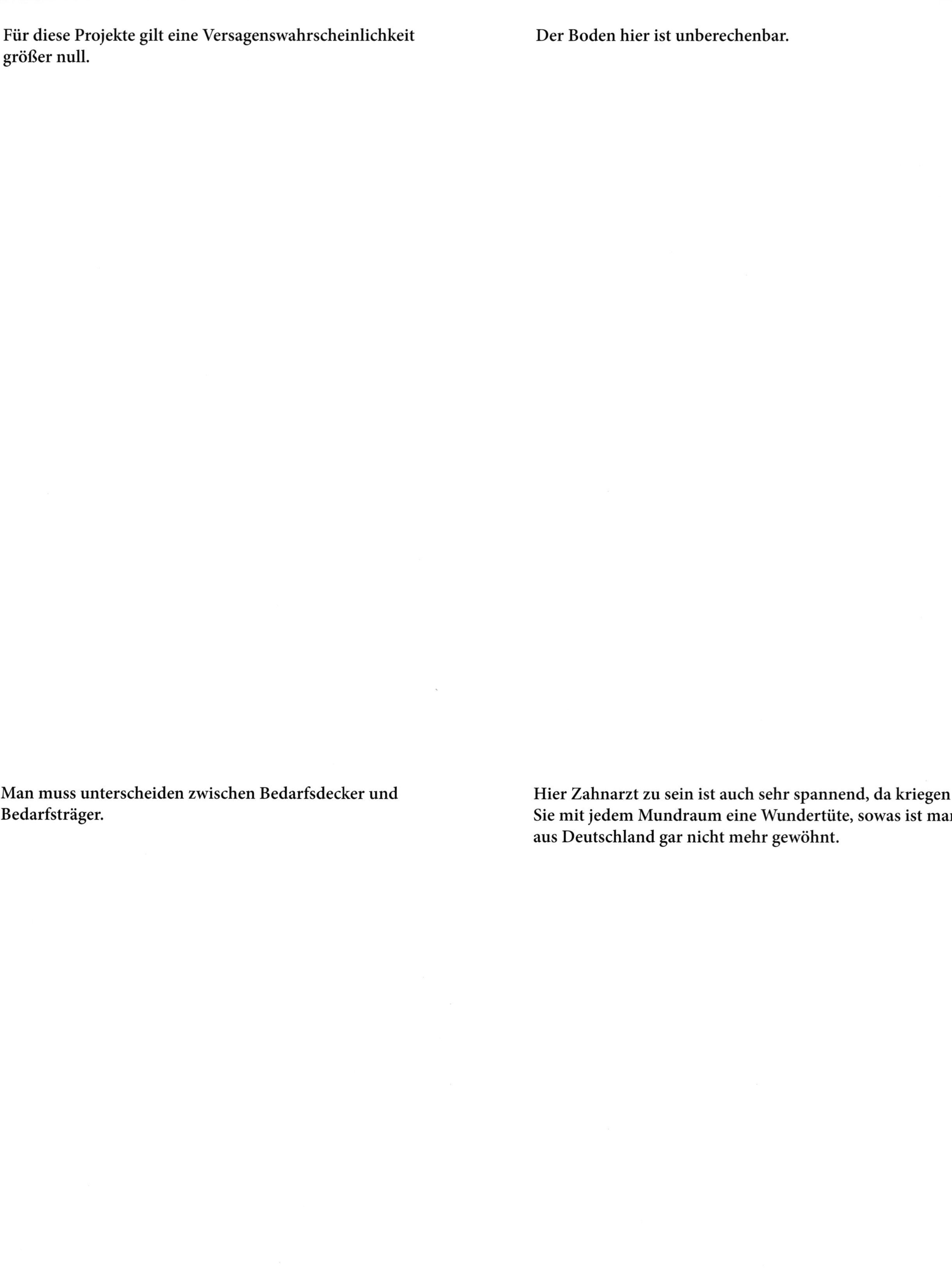

Für diese Projekte gilt eine Versagenswahrscheinlichkeit größer null.

Der Boden hier ist unberechenbar.

Man muss unterscheiden zwischen Bedarfsdecker und Bedarfsträger.

Hier Zahnarzt zu sein ist auch sehr spannend, da kriegen Sie mit jedem Mundraum eine Wundertüte, sowas ist man aus Deutschland gar nicht mehr gewöhnt.

Die Wochen stehen, die Tage vergehen.

Vom Behaviour her ist da eigentlich kein Unterschied.

Langlieger haben wir hier gar keine, die werden direkt zurückgeflogen.

Manche von den Leuten, die ihr hier seht, die gibt es gar nicht, die sind gar nicht hier.

Der Feind soll nicht wissen, an welcher Stelle wir eine Message setzen wollen, damit er nicht genau dort für negative Schlagzeilen sorgt.

Jeder von uns könnte rausgehen und kämpfen.
Die, die nur kämpfen, die können halt nur kämpfen.

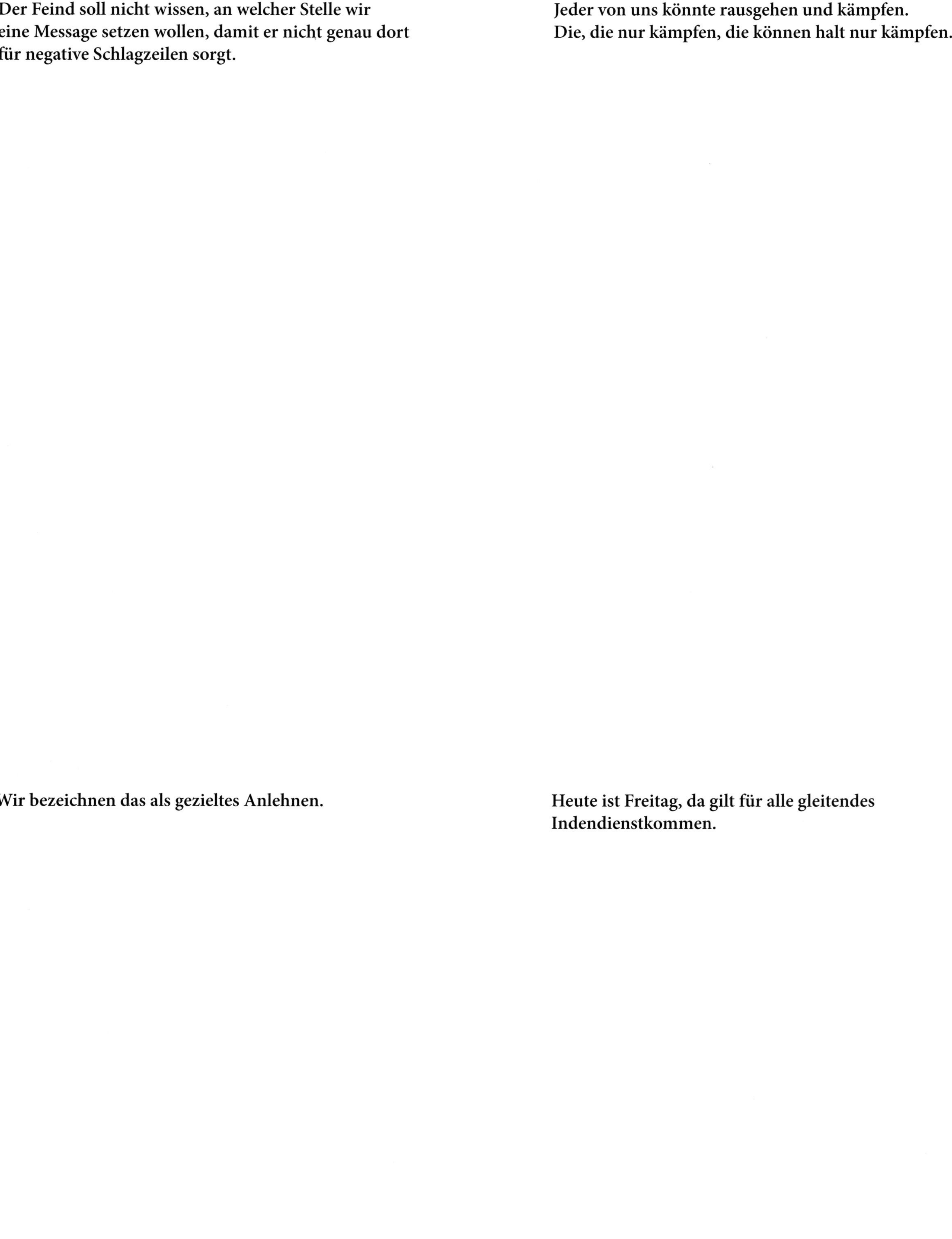

Wir bezeichnen das als gezieltes Anlehnen.

Heute ist Freitag, da gilt für alle gleitendes Indendienstkommen.

Man darf da nicht zu hoch einsteigen, schließlich muss man auch noch eine Eskalationsstufe haben.

Die Mongolen sind scharfe Hunde.

Wir arbeiten nach dem Beware-of-the-dog-Prinzip.

Human Beings kann ich nicht einfach draußen lassen, nur weil sie Afghanen sind.

Irgendwas muss schließlich den Schornstein zum Rauchen bringen.

Da ziehen auch schon mal Leute den Rock für aus.

Die Neuen stehen noch unter Welpenschutz.

Wir sind die mit dem großen Knüppel, und wir wissen auch, wie man den benutzt.

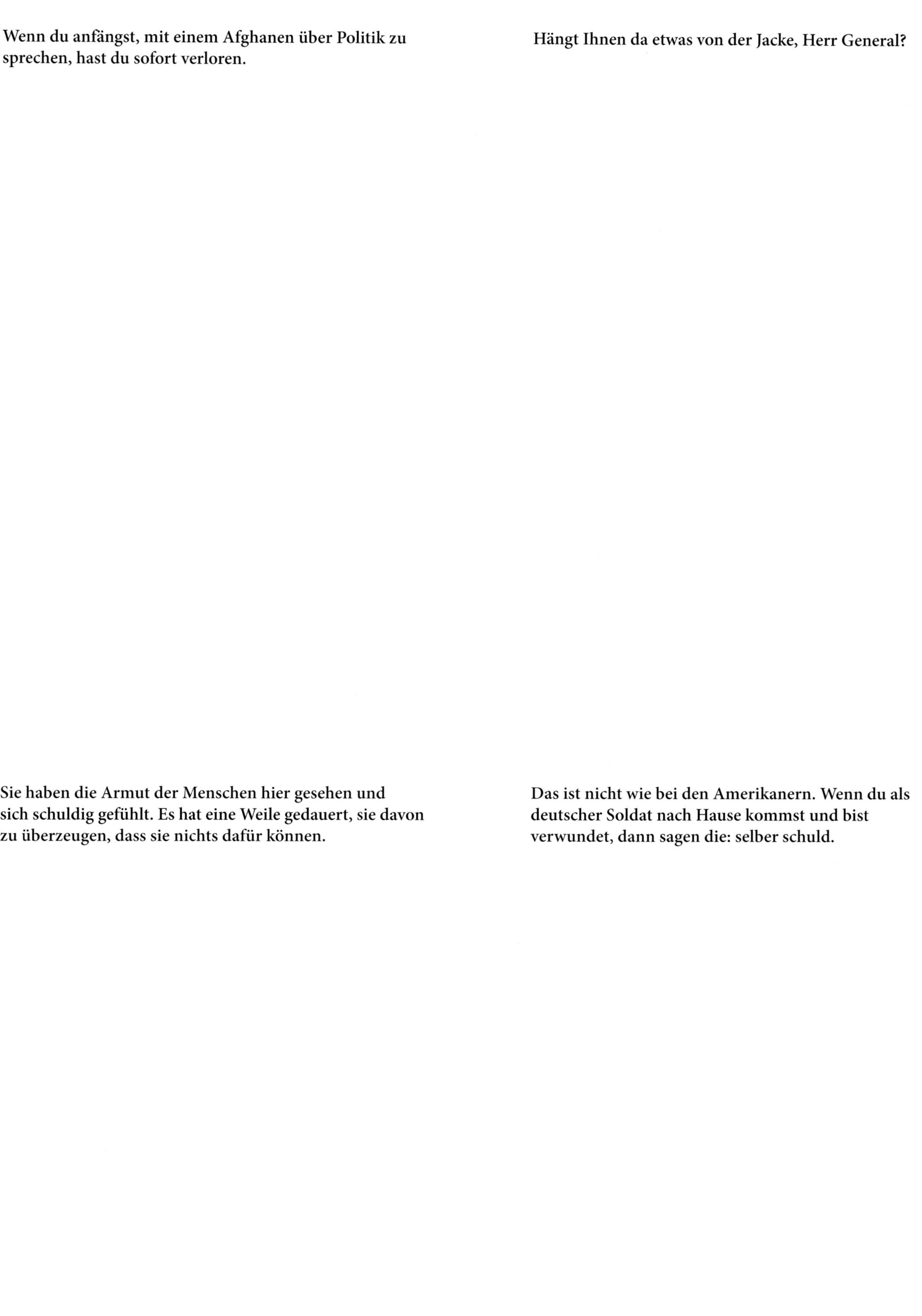
Wenn du anfängst, mit einem Afghanen über Politik zu sprechen, hast du sofort verloren.
Hängt Ihnen da etwas von der Jacke, Herr General?
Sie haben die Armut der Menschen hier gesehen und sich schuldig gefühlt. Es hat eine Weile gedauert, sie davon zu überzeugen, dass sie nichts dafür können.
Das ist nicht wie bei den Amerikanern. Wenn du als deutscher Soldat nach Hause kommst und bist verwundet, dann sagen die: selber schuld.

Mit Afghanistan hat das alles hier ja überhaupt nichts zu tun.

Das finde ich sportlich, um nicht zu sagen: töricht.

Ich hab hier Sachen gesehen, da dachte ich, ich fall vom Glauben ab.

Melden macht frei und belastet den Vorgesetzten.

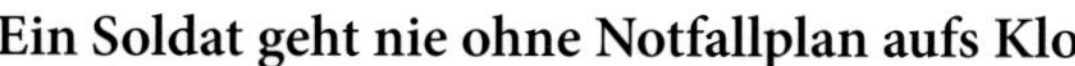

Ein Soldat geht nie ohne Notfallplan aufs Klo.

[218]

[219]

[220]

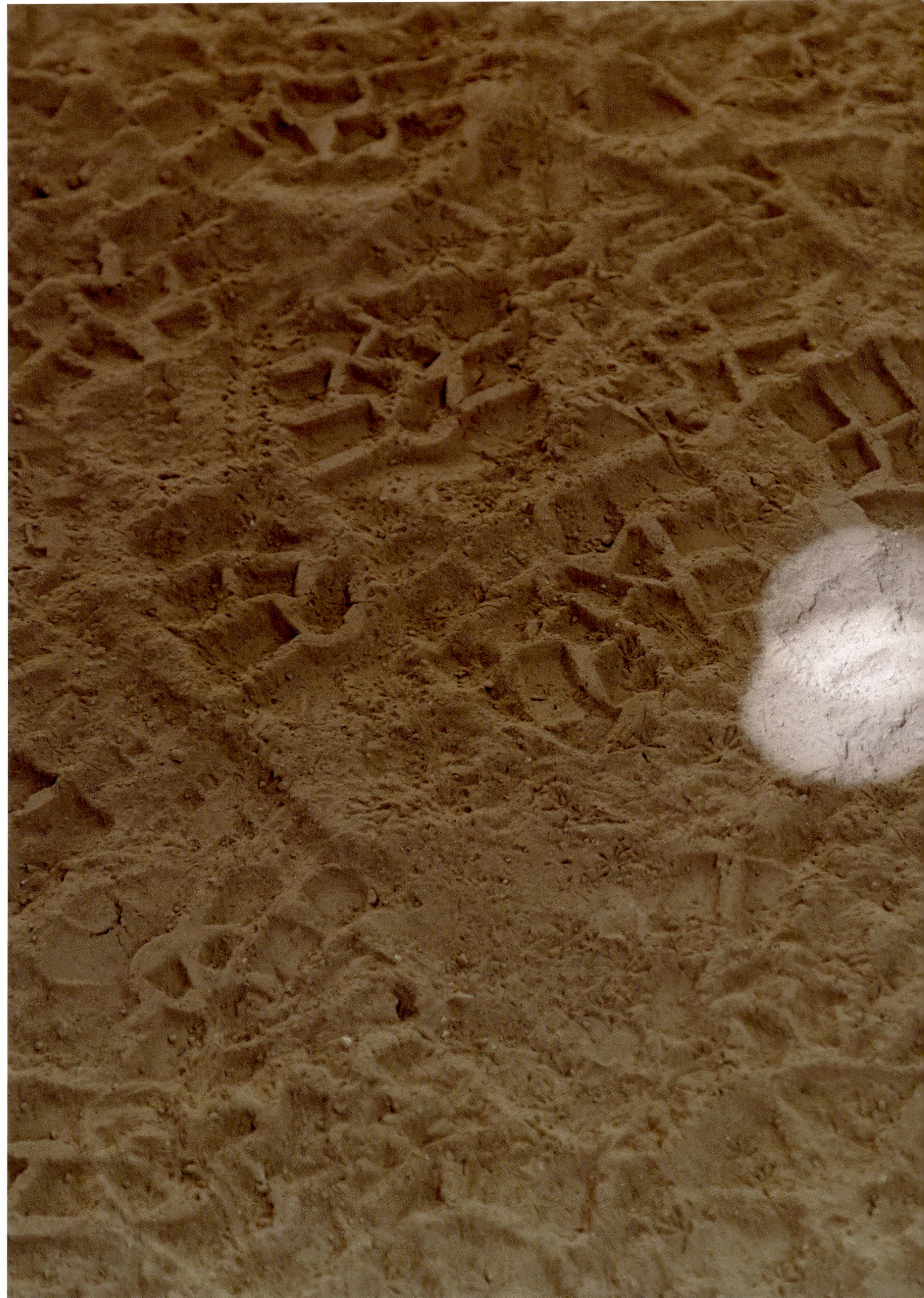

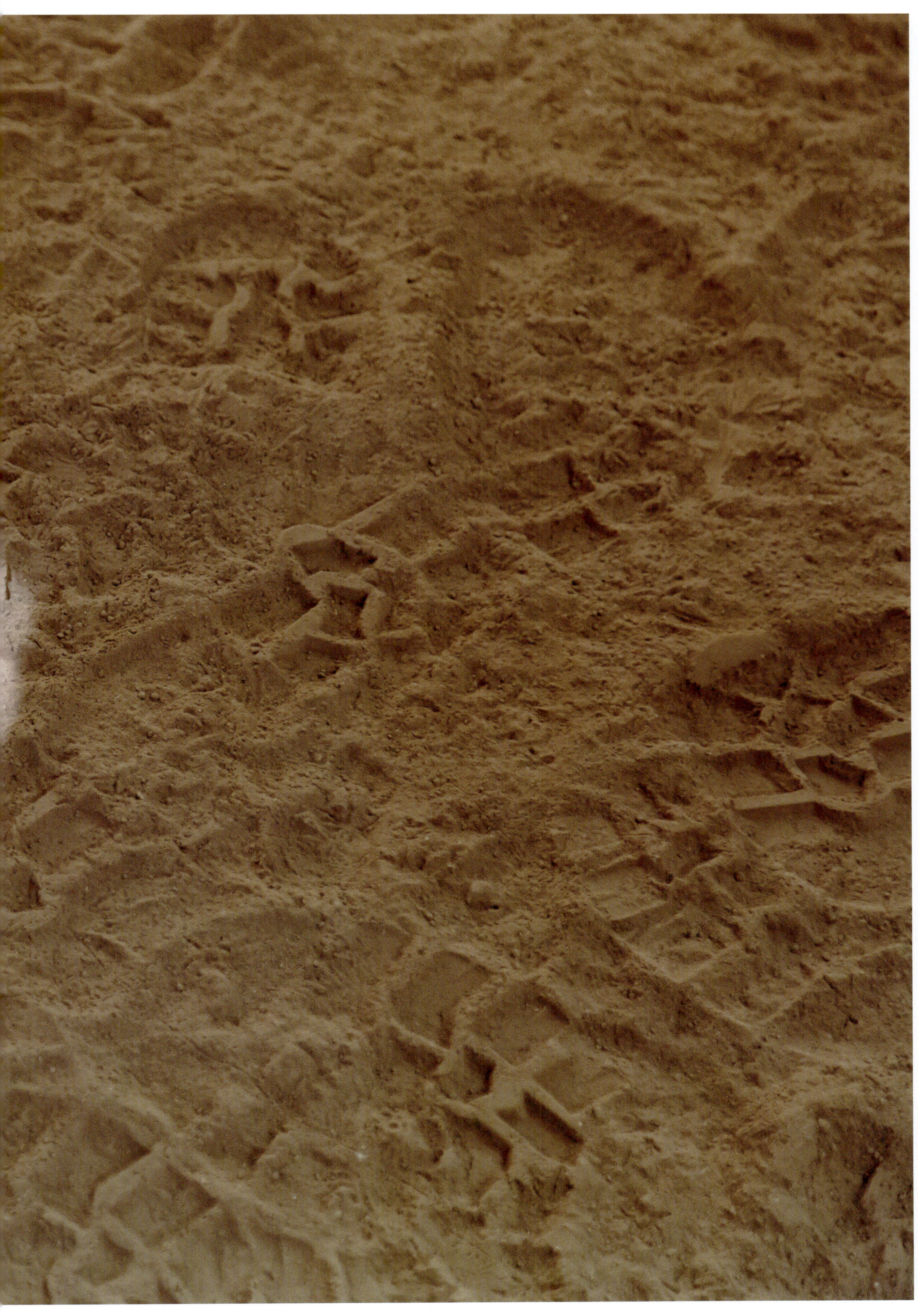

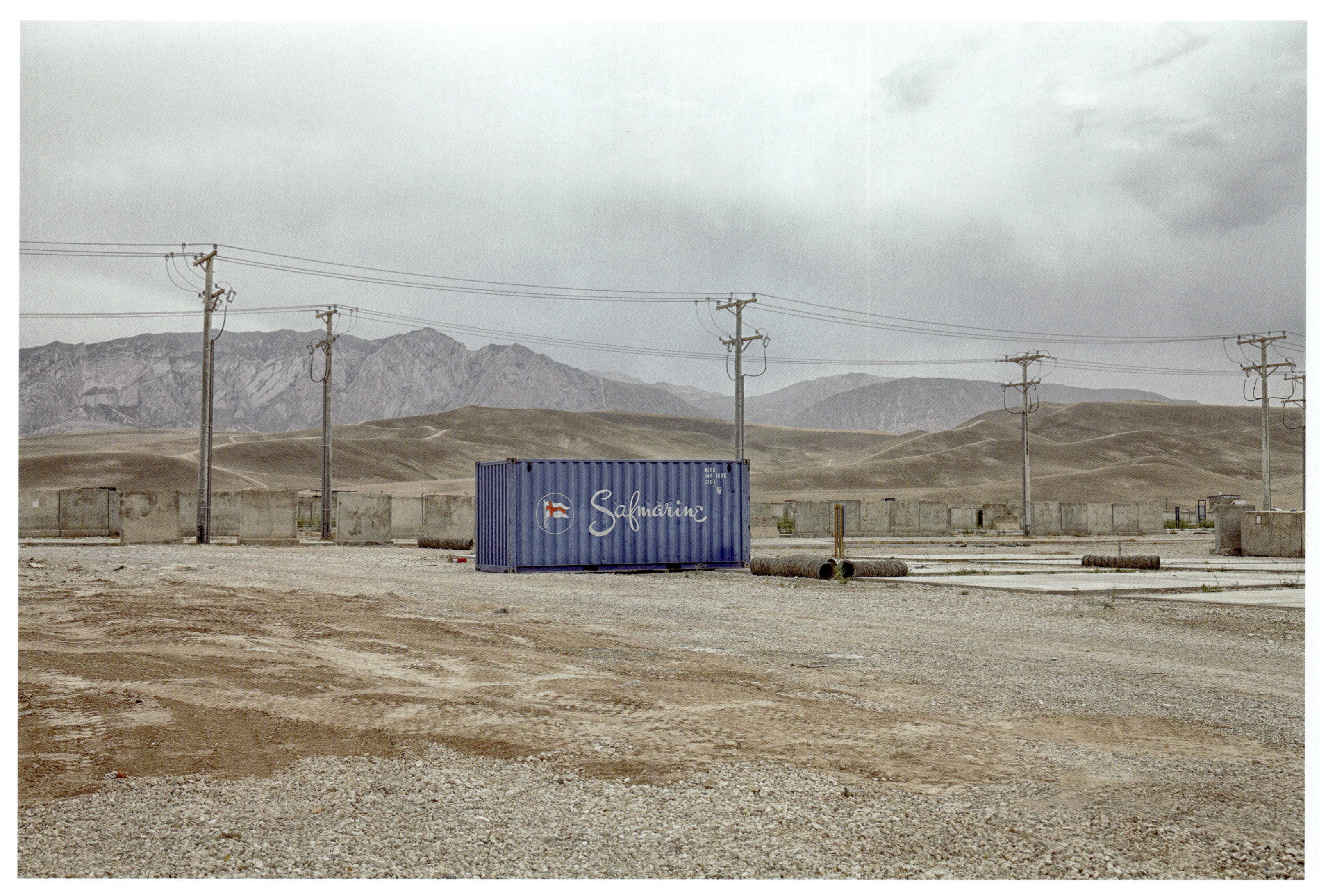

Bei Beschuss sind in den Unterkünften die Rollläden herunterzulassen. Außerdem wird empfohlen, auf den Flur zu gehen.

[232]

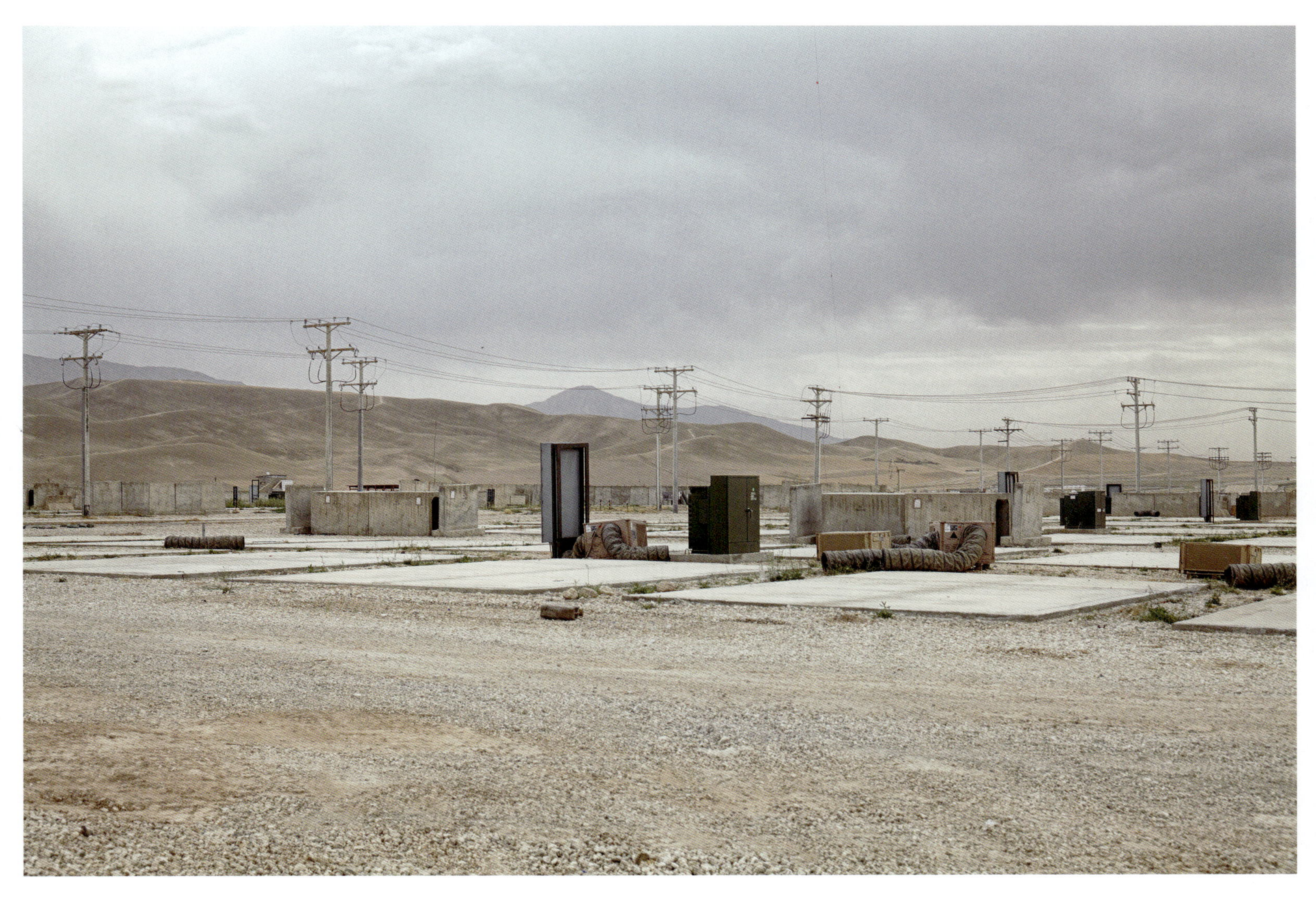

[235]

[236]

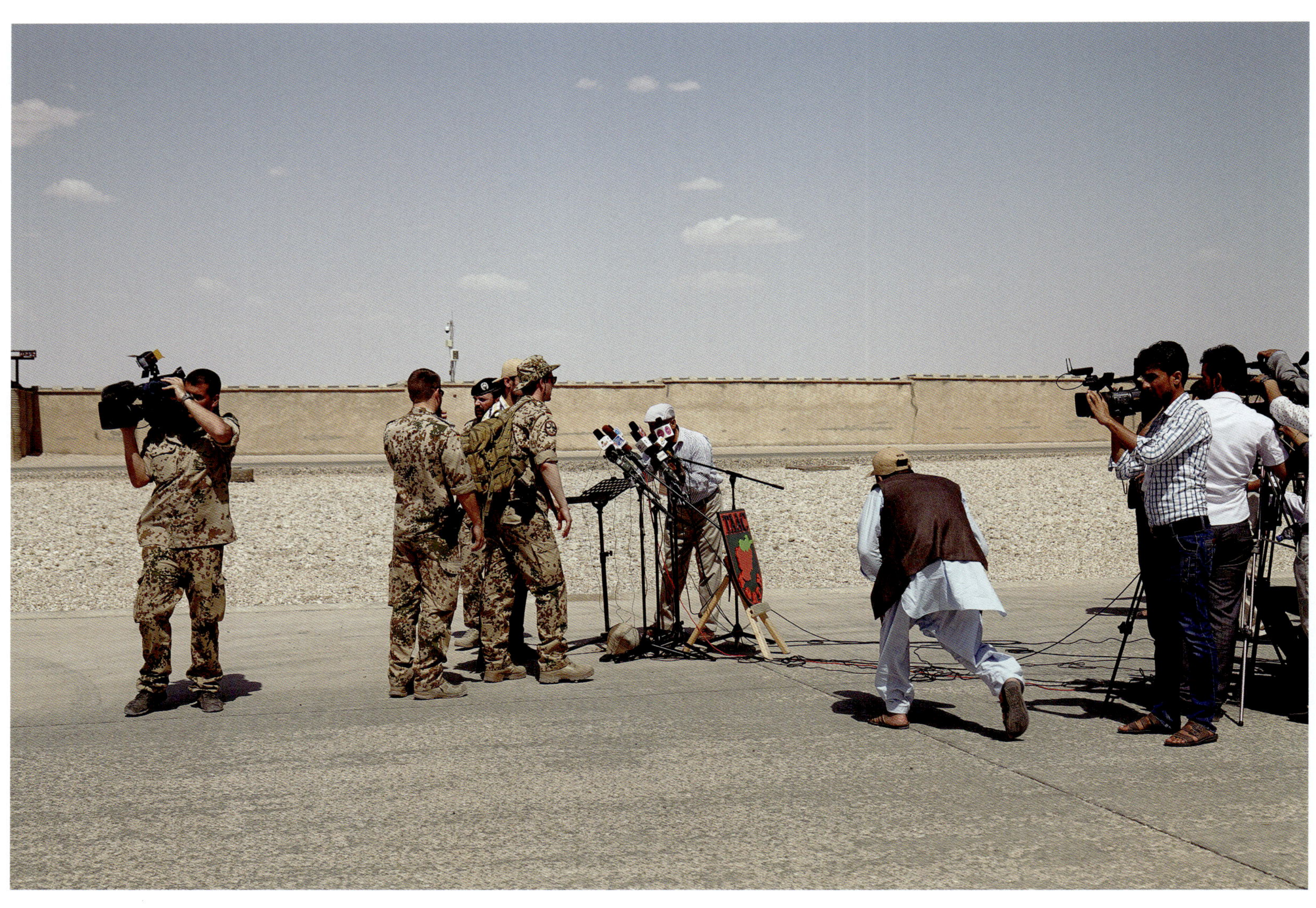

[239]

Dem Zentrum Operative Kommunikation (ehemals Psychologische Kampfführung) unterstellt, ist das Einsatzradio *Radio Andernach*, mit dem Sendeformat *Guten Morgen Afghanistan*, das nur in Einsatzgebieten über UKW gehört werden kann oder nach erfolgter Anmeldung im Internet von Bundeswehrangehörigen und deren Familien. Es ist möglich, Grüße aus dem Heimatland zu hinterlassen. Die häufigsten Musikwünsche an die Grußredaktion waren im vergangenen Jahr Helene Fischer mit *Atemlos durch die Nacht*, Pharrell Williams mit *Happy* und Linkin Park mit *One Step Closer*. Der eigentliche Kontingent-Sommerhit im Camp, der entsprechend in die Heavy Rotation aufgenommen wurde, ist allerdings der Song *Unter meiner Haut* von Gestört aber Geil. Obwohl größtenteils aufgrund des niedrigen Durchschnittsalters nicht wirklich zur Zielgruppe gehörend, gibt es unter den temporären Bewohnern des Camps einen merklichen Hang zur Volksmusik. Es wird aber vermutet, dass diese Neigung nach der Rückkehr ins Heimatland nicht langfristig bestehen bleibt.

[241]

In den Räumen der lokalen Sendestation des Einsatzradios existiert außerdem ein Proberaum, der mit Instrumenten und Verstärkern ausgestattet ist. Da sich Gruppen einsatzzeitbedingt nur für einen sehr kurzen Zeitraum formieren können, um beispielsweise auf den Abschiedspartys der Kontingente aufzutreten, werden überwiegend Coverversionen einstudiert und aufgeführt. Die im Camp gegründete Soldatenband *Sprengbrand* hat mit dem Titel *The Grey Bird* einen selbstkomponierten Song im Studio von Radio Andernach aufgenommen. Es handelt sich um eine Ballade, in der das graue Luftwaffenflugzeug besungen wird, das die Soldatinnen und Soldaten in den Einsatz bringt und von dort wieder abholt.

[243]

[244]

Im Atrium, einem quadratischen Innenhof, eingefasst von eingeschossigen Gebäuden und einem schattigen Laubengang, an zentraler Stelle im Camp, sitzen zu jeder Tageszeit Soldatinnen und Soldaten auf den verschiedenen Möbeln, die rings um den hell beschienenen Hof im Schatten aufgestellt sind. Manche schauen in einer leicht dösigen Stimmung in den Bildschirm eines Laptops, andere sitzen in Gruppen zusammen und reden. Für die Informationsveranstaltungen am Anfang eines jeden Einsatzes und für die Abschlusspartys am Ende wurde auf dem Innenhof eine Bühne errichtet.

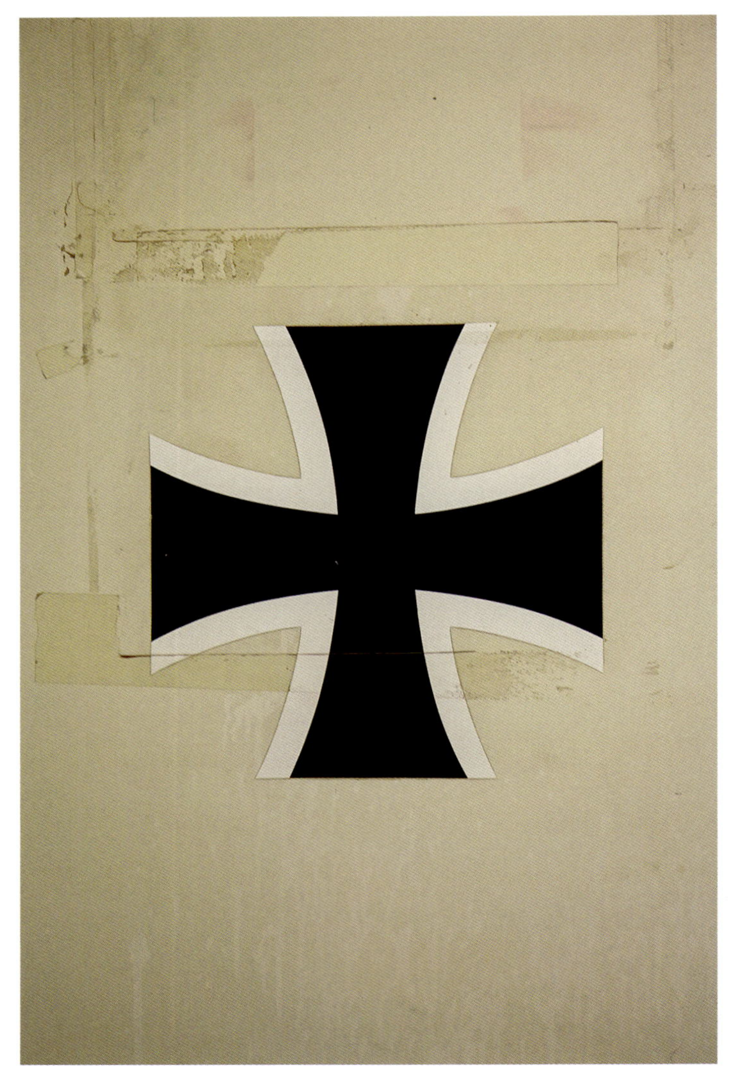

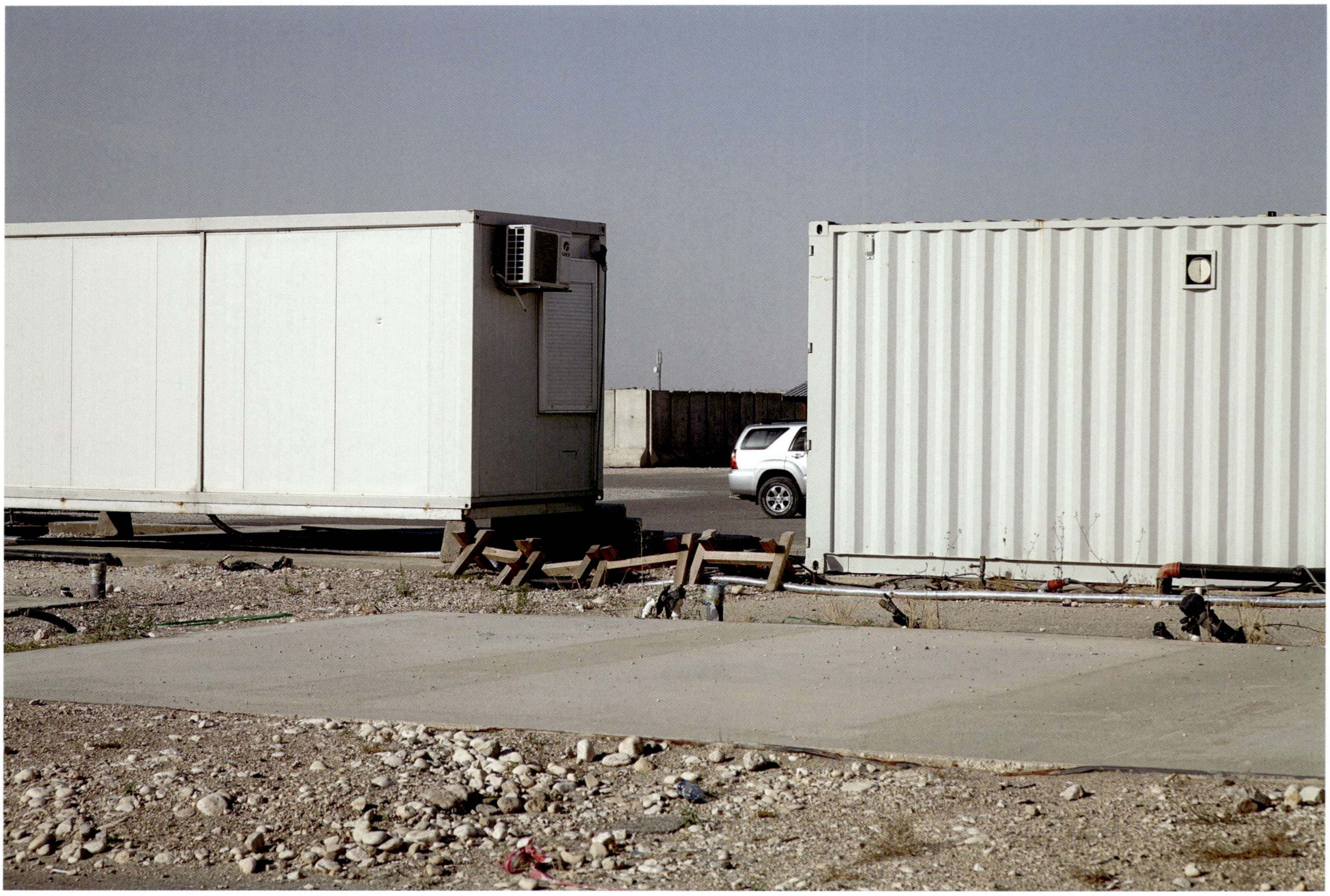

Das *Morale & Welfare Office* ist in einem der Gebäude untergebracht, die diesen Innenhof umgeben. Ein freundlicher Betreuungsoffizier ist hier mit dem Verleih von Badmintonschlägern, Dartpfeilen, Brettspielen, DVDs, Büchern, Fernsehern, Playstations, Nebelmaschinen und anderer Veranstaltungstechnik sowie dem Führen von Wartelisten und Belegungsplänen für die Badmintonhalle und das kleine Fußballfeld betraut. Sein Arbeitsplatz besteht aus einer provisorischen Theke, vor der häufig wechselnde Dekorationsgegenstände aufgebaut sind. Eine alte Sanitätskiste, ein Surfbrett, ein Plüschflamingo und Plastikblumenranken bilden die saisonale Sommerdeko. Zu Weihnachten werde natürlich entsprechend umdekoriert.

Der Betreuungsoffizier erklärt auf Nachfrage, dass es ihm sehr wichtig sei, mit den Leuten hier in Kontakt und ins Gespräch zu kommen. Er sagt, er sei seinen Auslandseinsatz angetreten, um eine neue Erfahrung zu machen. Er habe auf eigene Faust ein wenig Dari gelernt. Über die Osterfeiertage habe er einen kleinen Markt organisiert, auf dem verschiedene Nationalgerichte angeboten wurden, es gab auch ein Osterfeuer, Sommerskilaufen, Eierlauf, Lebendkicker und Highlandgames. In der Betreuungseinrichtung *Oase* finde regelmäßig ein Krimidinner statt, außerdem gebe es Pokerturniere und Open-Air-Bingo.

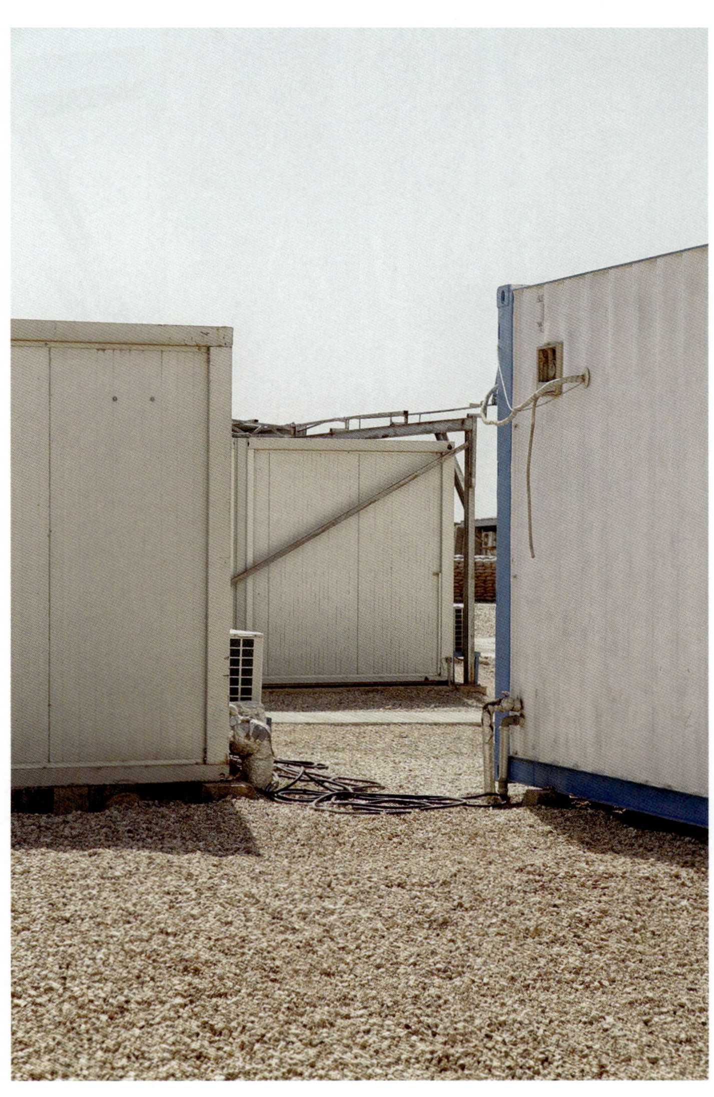

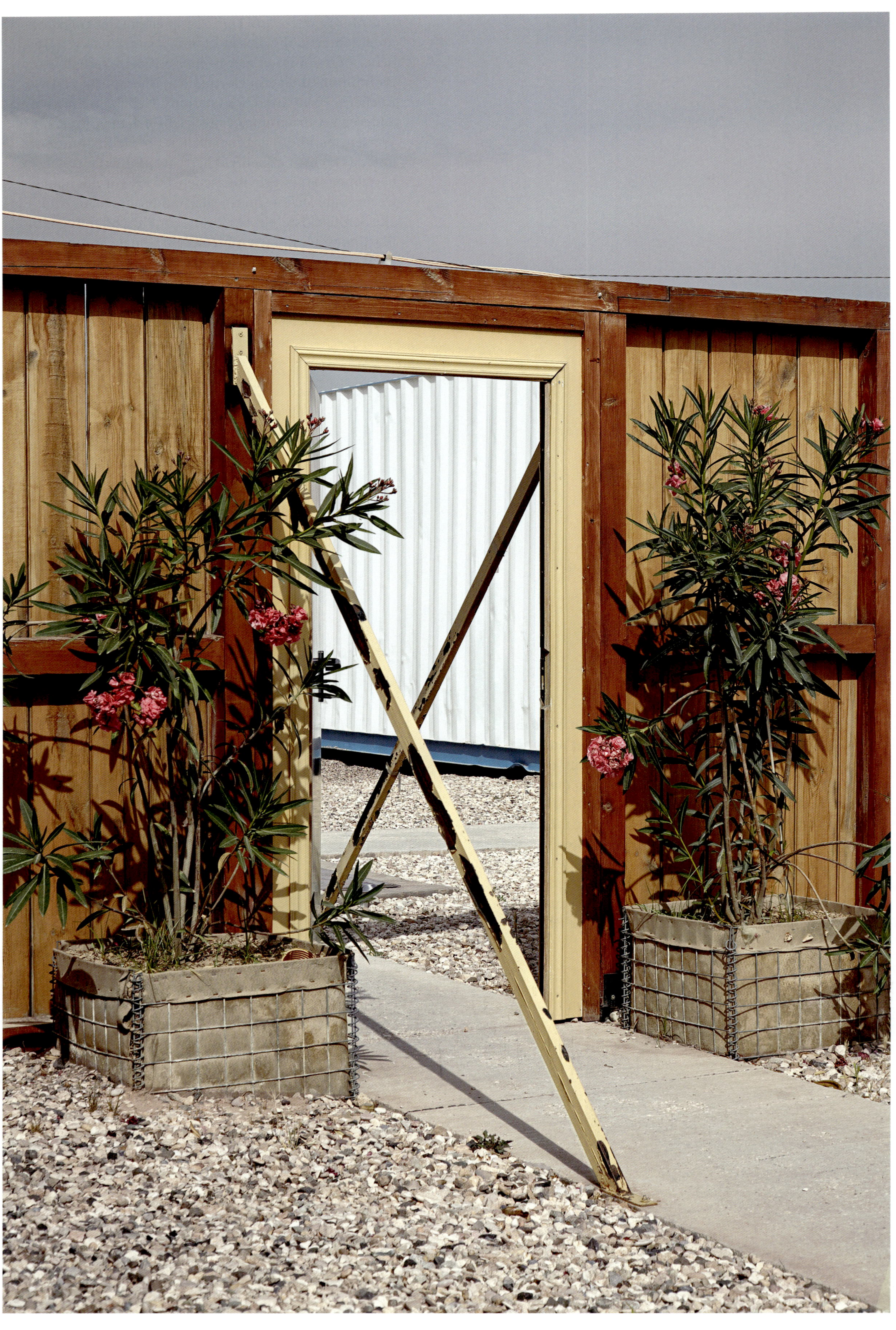

[258]

Die Arbeit des Betreuungsoffiziers umfasst auch die Organisation von Charity-Veranstaltungen für das Waisen- und Witwenhaus der nahen Großstadt. Für die Waisen gibt es regelmäßig einen Kindertag im Camp. Der Betreuungsoffizier sagt, er sei der Überzeugung, man könne hier auch ohne Waffen direkt helfen als Soldat.

[259]

In seinem Arbeitsbereich sind auch acht lokale Kräfte engagiert, mit ihnen sei er sehr zufrieden. Der Betreuungsoffizier räumt ein, dass es mit der Horizonterweiterung im Camp natürlich schwer sei, wenn man nicht aktiv etwas dafür tue, sich also mit den anderen unterhalte. Mit denen, die rauskommen, aber auch mit denen, die von anderswo herkommen. Insofern könne die Erfahrung also in gewisser Weise nur vermittelt gemacht werden, durch die Geschichten der anderen.

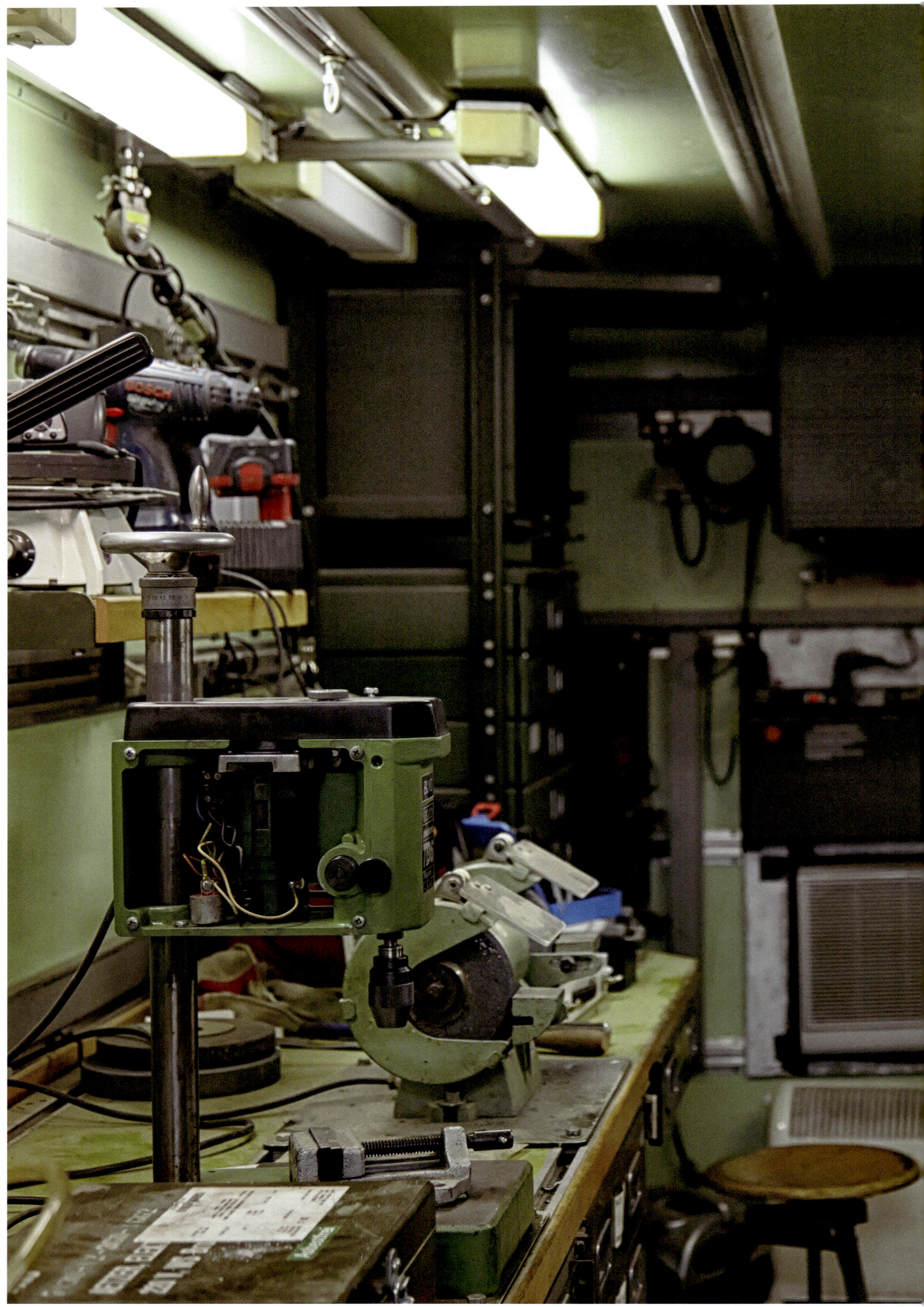
BOSCH

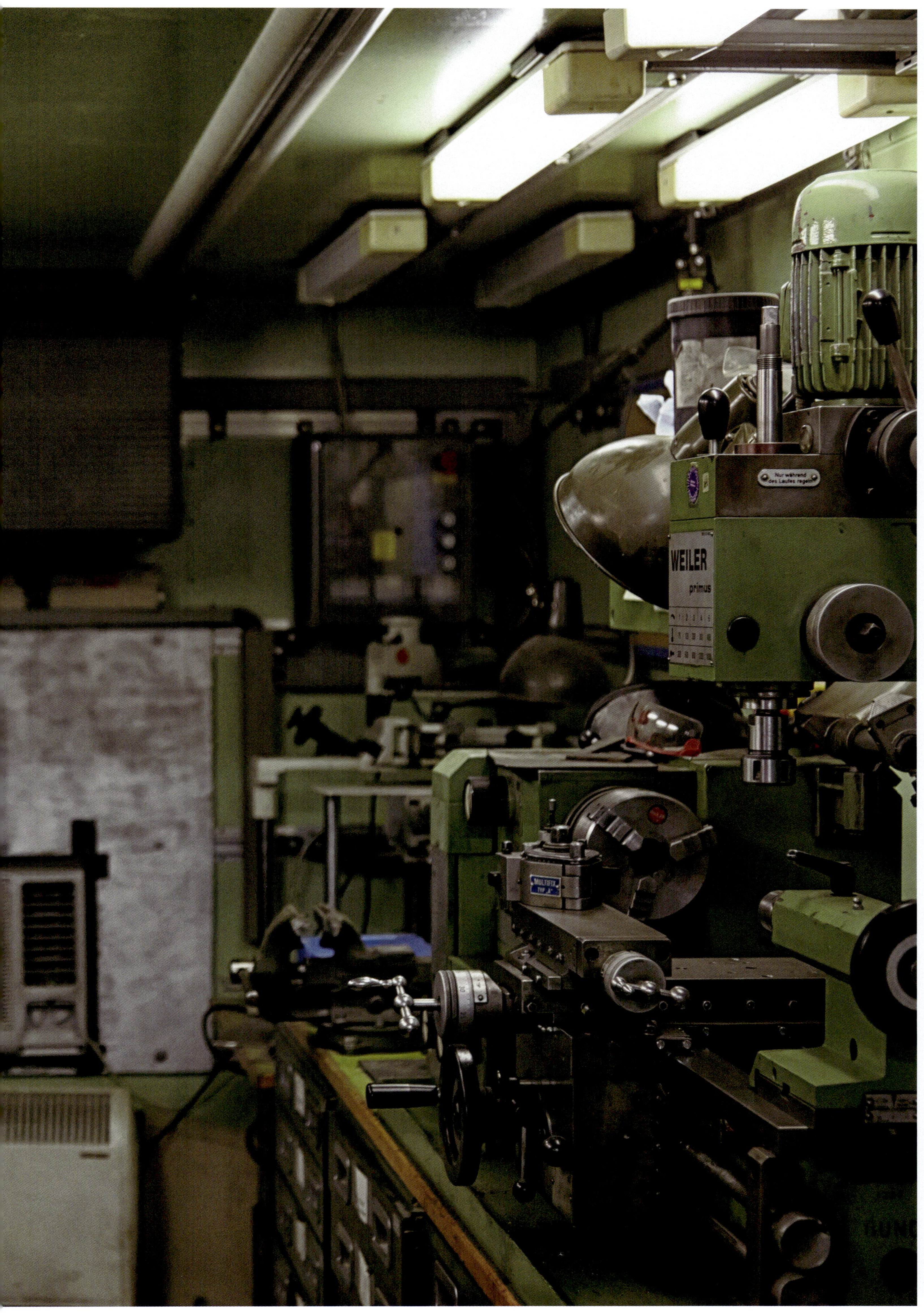
Nur während
des Laufes regeln
WEILER
primus

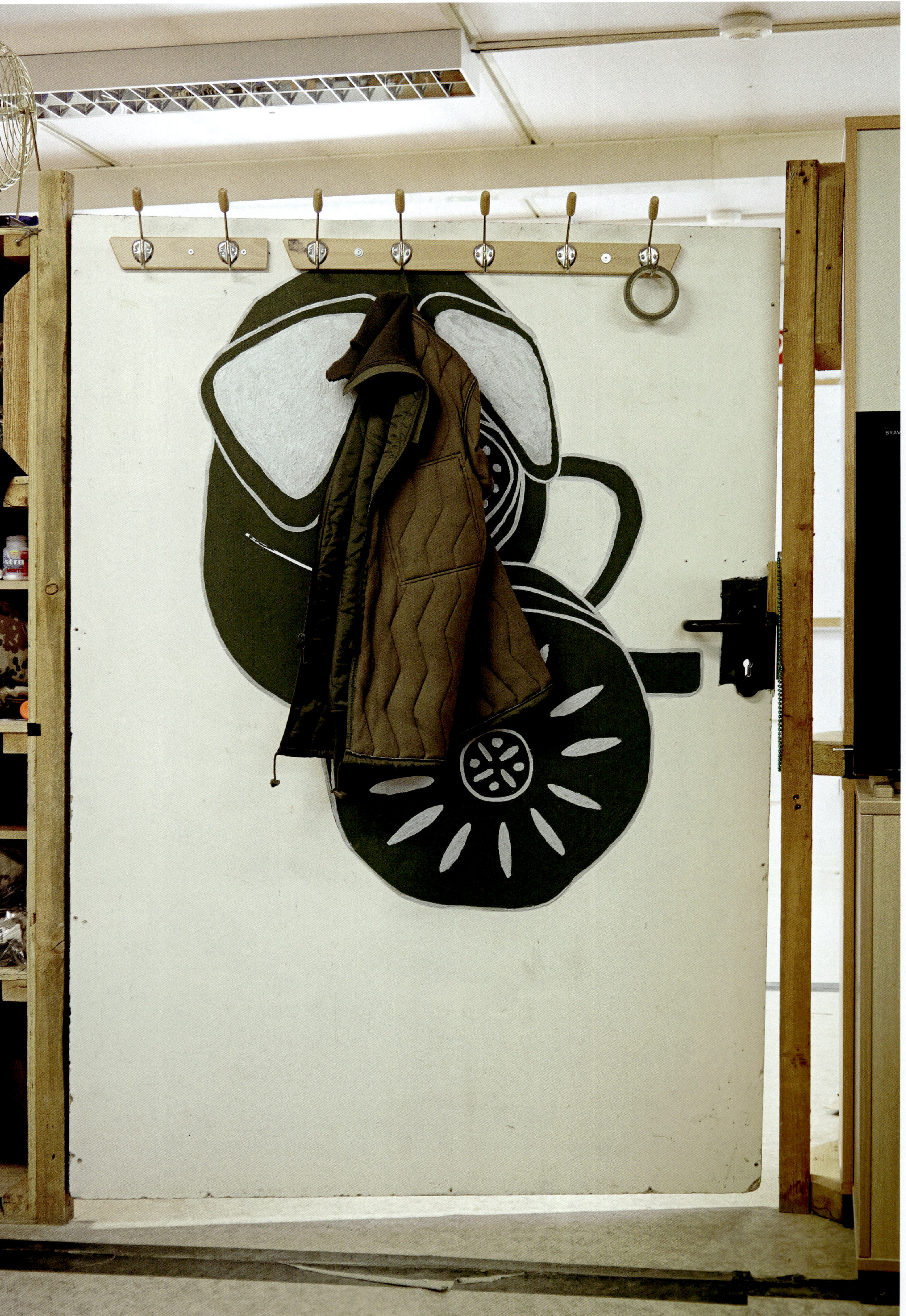

Im Innern der Campkirche findet jeden Dienstag die Probe des Campchors statt. Die Militärpfarrerin, eine junge Soldatin und sechs ältere Herren stellen sich im Halbkreis auf und singen zur Begleitung einer Akustikgitarre, eines E-Pianos und einer Trompete. Der Altar der Campkirche ist ein schlichter grauer Stein mit Lesepult. Am Kreuz einer selbstgebastelt aussehenden Messkerze hängt ein ziemlich dicker Jesus und schaut zufrieden in den Raum.

[274]

[275]

Auf einem Container vor dem Campkrankenhaus steht ein selbstgebautes Segelschiff, ein Einmaster, mit gehisster Deutschlandfahne und grünem Hauptsegel, an dessen Steuerrad ein menschliches Skelett in Piratenkostüm steht und mit seinem ewigen Grinsen über das Camp und die Absperrungen hinweg in Richtung der nahen Berge blickt. Auf der Flanke des Schiffes steht mit weißer Schrift der Name *Charon* geschrieben. Der Fährmann der Unterwelt, der die Toten übersetzt über den Styx ins Reich des Hades. Ärzte der Marine bauten dieses Schiff für den scheidenden Flottillenarzt ihres Kontingents, als Ehrerweisung an den Kapitän ihrer Zeit im Camp. Nachfolgende Kontingente erweiterten dieses Abschiedsgeschenk zum Totenschiff und installierten den knöchernen Fährmann am Steuerrad. Unterhalb des Totenschiffes befinden sich der Aufenthaltsbereich und die Nebentheke des Sanitätszuges. Die Ärzte und Sanitäter, die hier abends trinken und reden, sind durch ein Tarnnetz vom direkten Anblick des Fährmanns Charon abgeschirmt.

Dass er in früheren Einsätzen als Personenschützer eingesetzt war und dabei so gut wie nie im Camp, sondern in den provisorischen Outposts übernachtet hat, im Schlamm, in winzigen Zelten, mit Nächten auf Wache ohne Schlaf, immer in Gefahr und immer angespannt, dass er sich dann irgendwann aber dachte: Jetzt hast du deinen Spaß gehabt, jetzt ist es an der Zeit, erwachsen zu werden, erzählt der Hauptfeldwebel im Container der psychologischen Beratungsstelle – dass er daraufhin an einer Weiterbildung teilgenommen hat und nun die Diplompsychologin bei ihrer Tätigkeit im Camp als truppenpsychologischer Berater unterstützt. Er habe aufgrund seiner Erfahrung unter den Soldatinnen und Soldaten eine Peer-Stellung, die ihm sofort Vertrauen einbringe. Dabei sei es natürlich auch hilfreich, bei früheren Einsätzen zu denen gehört zu haben, die draußen der Gefahr ausgesetzt waren. Zu wissen, wie sich das anfühlt. Die Truppenpsychologin wirft ein, dass beim ersten Einsatz durch die konkrete Bedrohung, die Angst vorm Sterben, bei jedem Menschen erstmal die Norm gesprengt werde. Es ergebe sich ein Zusammengehörigkeitsgefühl, eine Kameradschaft, eine Art Pfadfinderromantik, man glaube ja, auf dem ersten Auslandseinsatz mindestens zwanzig neue Freunde fürs Leben gefunden zu haben, davon bleibe man vielleicht mit einem wirklich in Kontakt, aber das sei egal.

Die Erfahrung, hier monatelang auf engstem Raum zusammenzuleben, empfinden die wenigsten als Belastung. Zumindest gehört es nicht zu den Problemen, die regelmäßig an das truppenpsychologische Beratungsteam herangetragen werden. Viel eher sei es der Fall, dass sich die Soldatinnen und Soldaten noch engere Räume schaffen, Rückzugsorte, kleine Enklaven, individualisierte Minimalräume, sagt der Hauptfeldwebel, kleine Gruppen in der großen Masse der Uniformierten. In diesem Zusammenhang seien auch die Ärmelpatches von Bedeutung.
Die bierdeckelgroßen Aufnäher, für die auf der Uniform eine Leerstelle aus Klett freigelassen ist, auf dass die Soldatinnen und Soldaten ihre individuellen Abzeichen dort anbringen können. In einem Eck des Camps, nah am Haupttor, existiert ein kleiner Markt, auf dem lokale Händler Lapislazuli, Teppiche und Teegeschirr verkaufen, aber eben auch diese Ärmelpatches auf Wunsch mit unterschiedlichen Motiven besticken. Der Hauptfeldwebel ist überzeugt, dass die Soldatinnen und Soldaten nach ihrer Rückkehr ins Heimatland zumindest für eine Zeit lang bessere Menschen sind. In den vier bis sechs Monaten, die es etwa brauche, um sich wieder einzugewöhnen, seien sie sensibler als sonst, schauten genauer hin und seien kritischer, was ihr Konsumverhalten und die Selbstverständlichkeit ihrer Lebensumstände angehe.

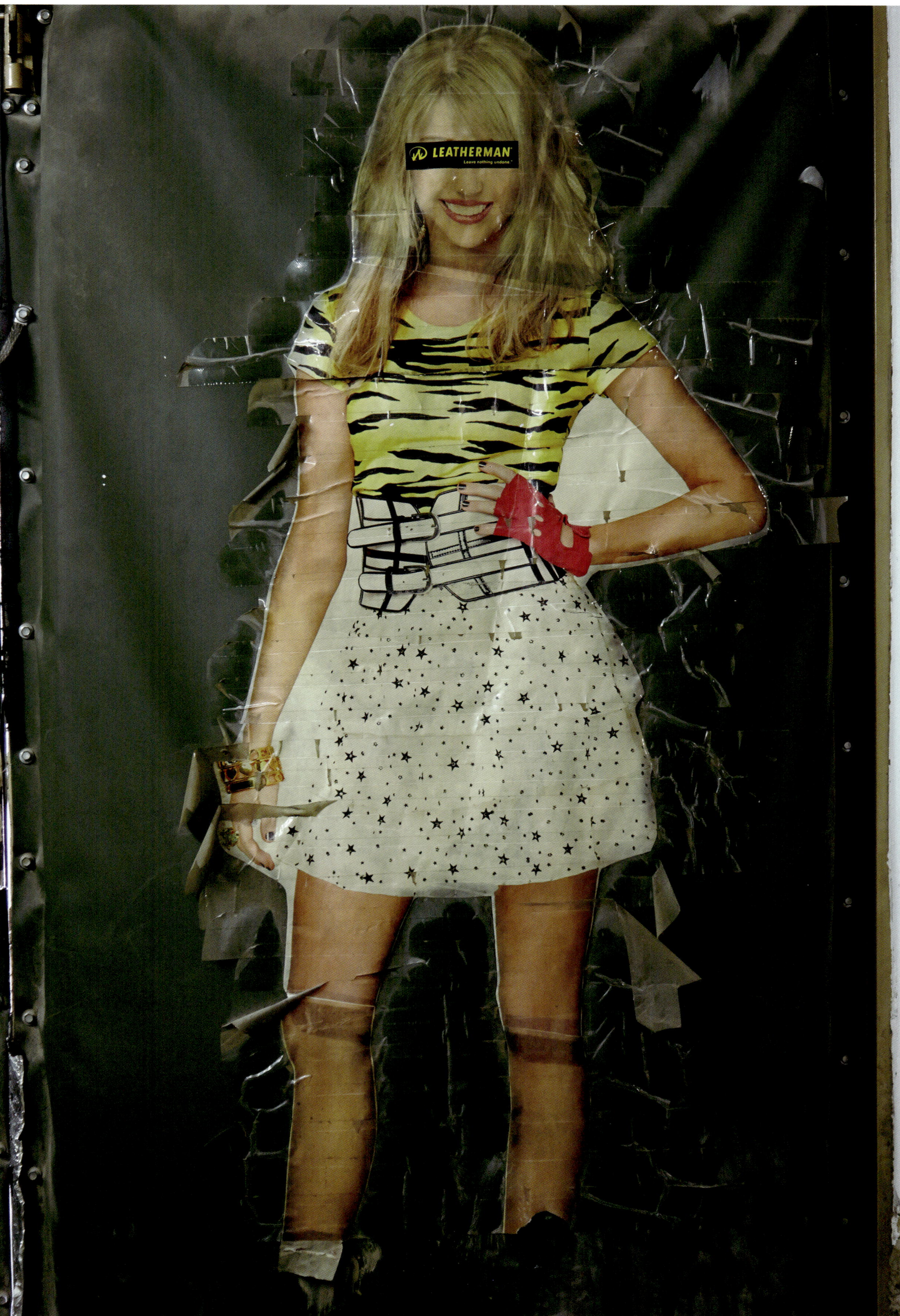
LEATHERMAN
Leave nothing undone.

Die häufige Verwendung von Metaphern des Spielens und des Ferien- oder Pfadfinderlagers erweckt den Eindruck, das Militär sei vordergründig eben auch ein Ort, an dem man nicht erwachsen werden muss, wenn man das nicht möchte.

[286]

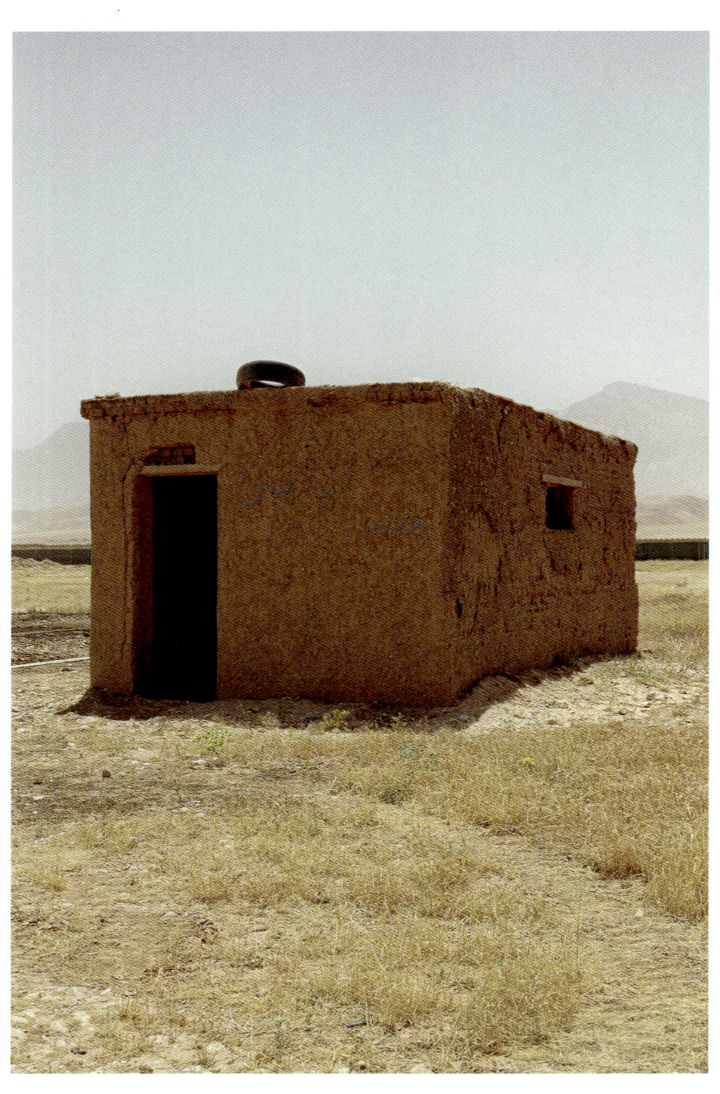

[288]

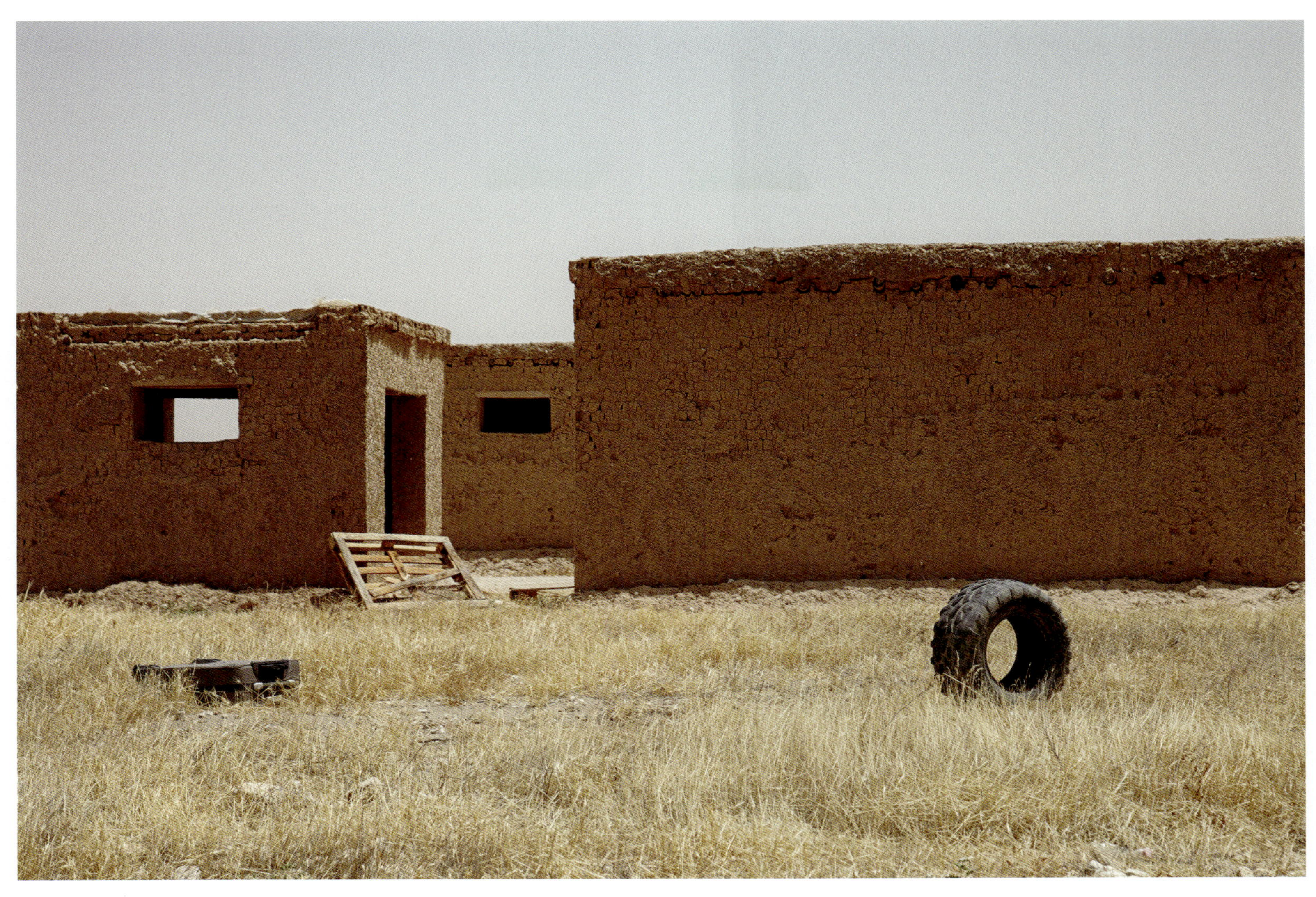

[291] Als die Soldatinnen und Soldaten noch häufiger das Camp verließen, konnte man sie in vier verschiedene Gruppen einteilen:

Leute, die froh waren, dass sie nicht rausmussten
Leute, die gern rausgekommen wären
Leute, die rauskamen und damit glücklich waren
Leute, die rausmussten und damit unglücklich waren

Heute stellt sich diese Frage kaum noch vor Ort. Man kann sich nun schon im Voraus zuhause entscheiden, zu welcher Gruppe man gehören möchte.

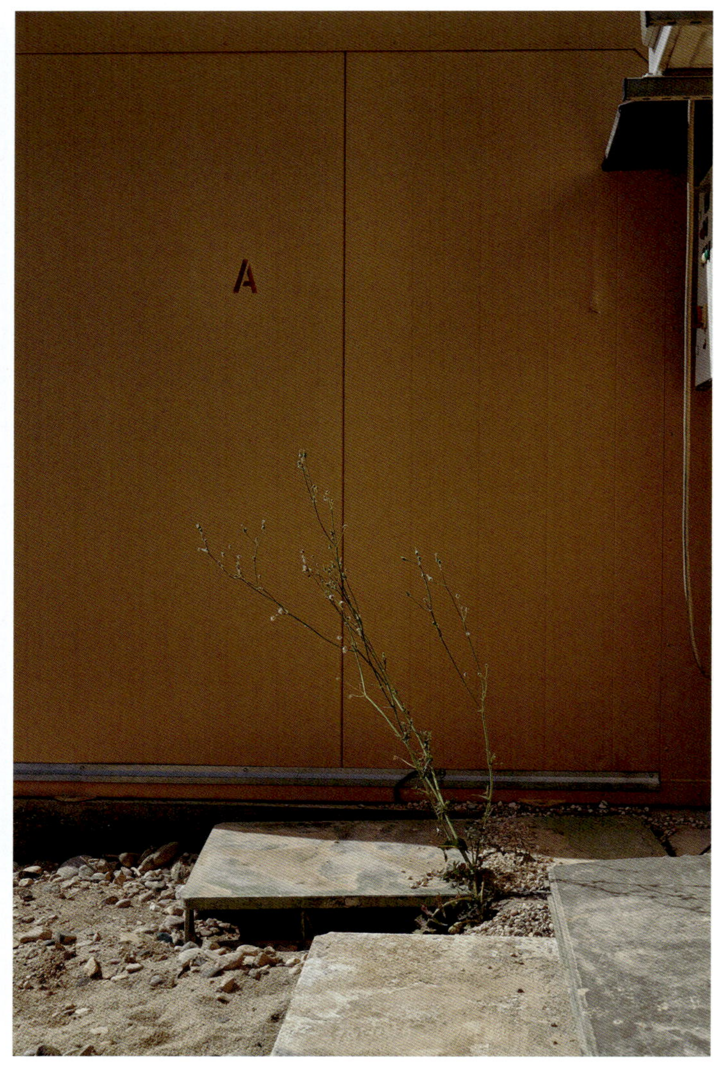

Eine mit frischem Beton geflickte Stelle und ein rotes *R* auf dem Rollfeld des Campflughafens markieren die Einschlagstelle einer Kurzstreckenrakete, die durch ein improvisiertes Geschütz aus den Bergen heraus auf das Camp abgefeuert wurde.

Normalerweise explodieren die Raketen solcher improvisierten Geschütze irgendwo in der Landschaft, da mit ihnen nicht wirklich gezielt, sondern vielmehr nur ungefähr in die Richtung des Camps gezeigt werden kann und die Schützen sehr wahrscheinlich mit zugehaltenen Ohren hinter einem Stein auf den Abschuss warten.
Diese eine Rakete aber schaffte es, im Camp zu explodieren. Es gab keine Verletzten, obwohl in weitem Umkreis Metallsplitter in Gebäuden und Fahrzeugen gefunden wurden. Glücklicherweise befand sich zum Zeitpunkt der Explosion niemand in unmittelbarer Nähe.
Diejenigen, die zu dieser Zeit bereits im Einsatz waren, sprechen von einem Wachrütteln, das die Explosion unter den Soldatinnen und Soldaten bewirkt habe. Für einige Zeit sei aus dem Eingelulltsein in die relative Sicherheit des Camps wieder ein Wachsein geworden, eine höhere Alarmstufe, ein genaueres Hinsehen und Hinhören. Den meisten sei nach kurzer Zeit aber klar geworden, dass auch diese gesteigerte Aufmerksamkeit an der eigenen Sicherheitslage nichts ändert. Man müsse eben denjenigen vertrauen, die das Camp bewachen.

Das sogenannte Grundrecht auf Kriegsdienstverweigerung gilt auch für aktive Soldatinnen und Soldaten. Seit Aussetzung der Wehrpflicht im Juni 2011 haben etwa 1.400 Personen im Dienst der Deutschen Bundeswehr davon Gebrauch gemacht. Der Antrag auf Kriegsdienstverweigerung ist im Karrierecenter der Bundeswehr zu stellen. Es gilt daraufhin, die antragstellende Person in einen waffenlosen Dienst zu überführen. Kriegsdienstverweigernde Soldatinnen und Soldaten werden in der Regel durch ihre Vorgesetzten nicht mehr schikaniert, beleidigt, beschimpft oder vor der angetretenen Truppe bloßgestellt. Sobald eine Soldatin oder ein Soldat eine vom Gesetz geschützte Gewissensentscheidung getroffen hat, darf die Bundeswehr nicht mehr auf die Ausführung eines entsprechenden Befehls bestehen. Es besteht fortan der verbürgte Anspruch auf eine *gewissensschonende Handlungsalternative*.

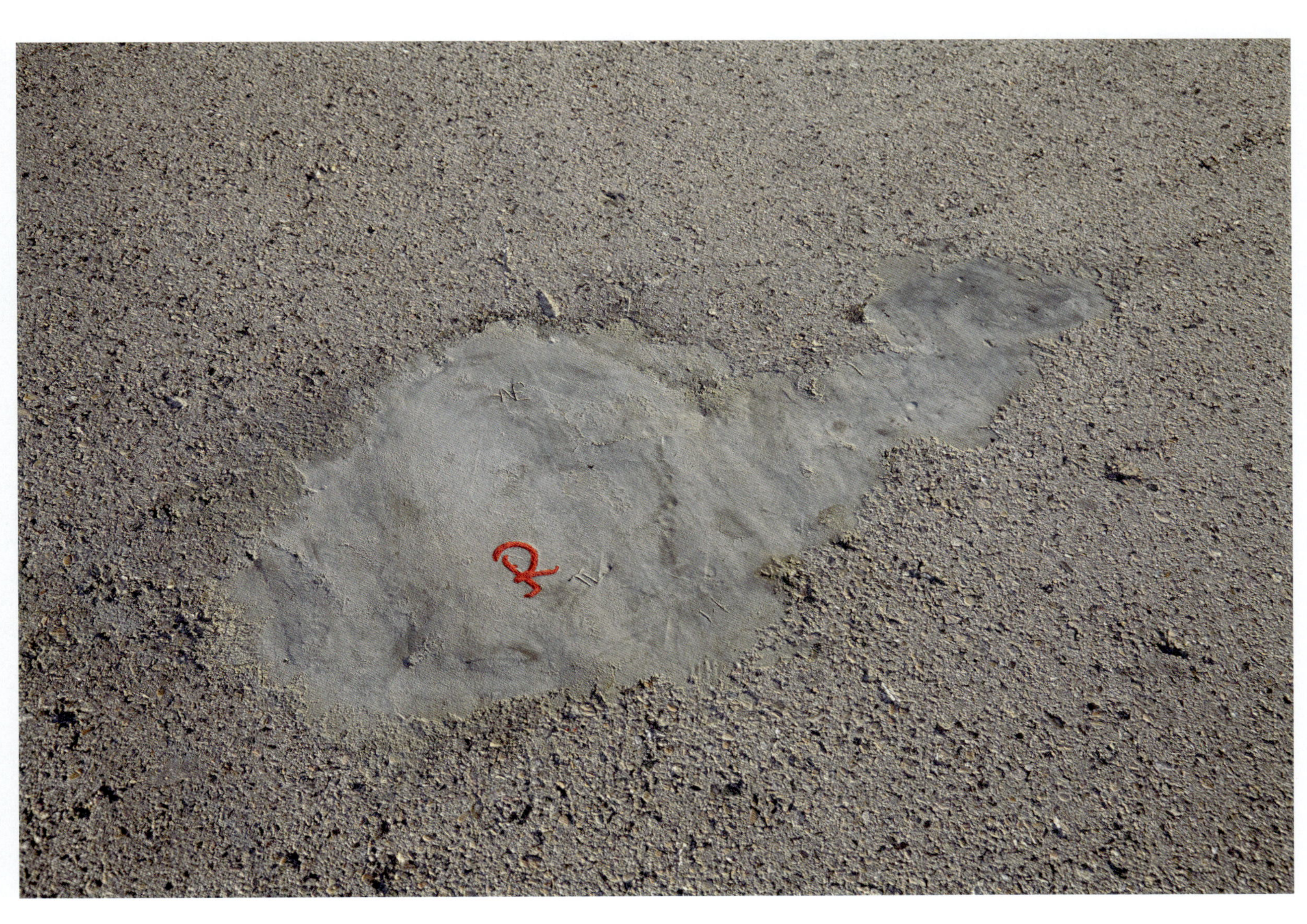

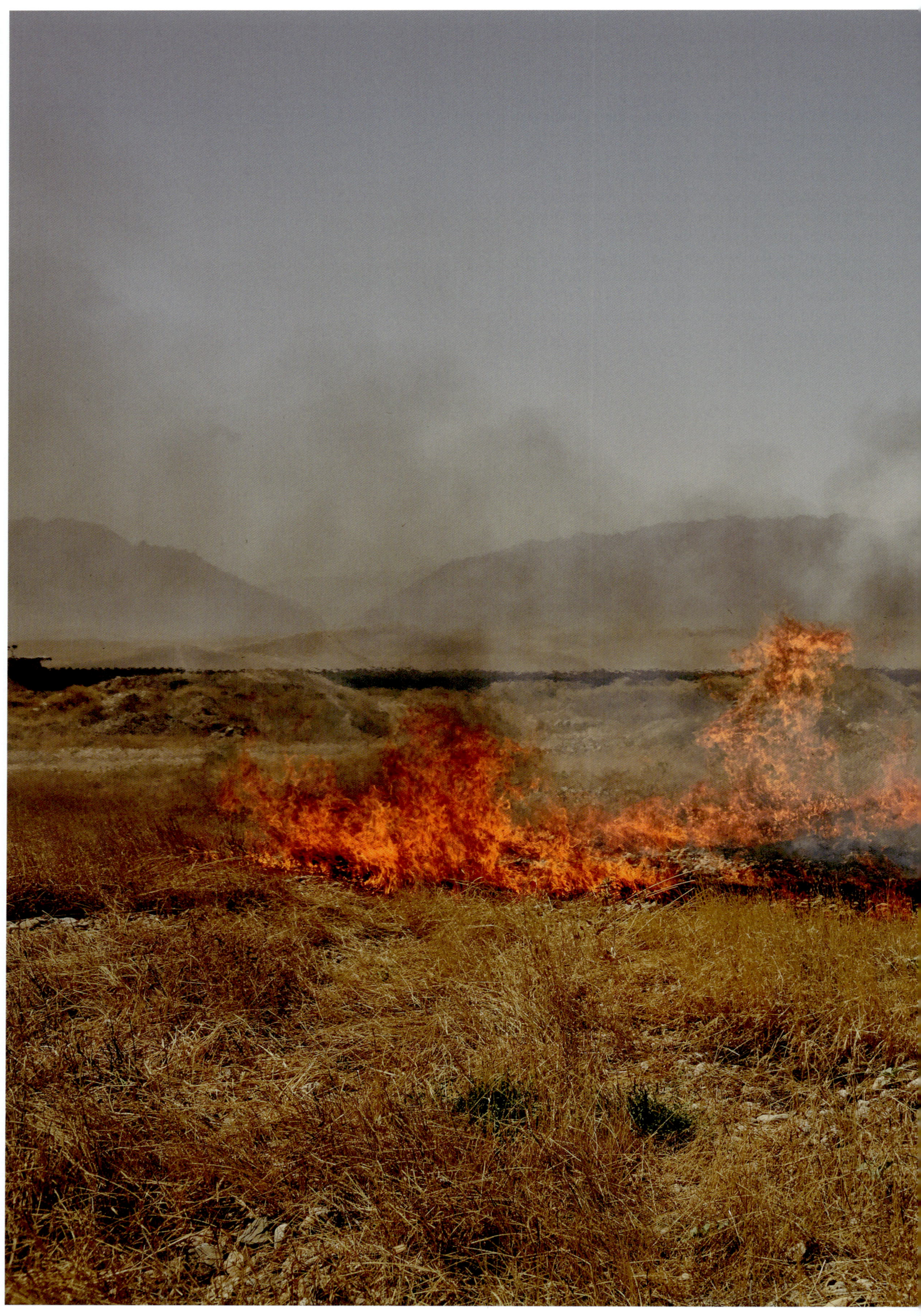

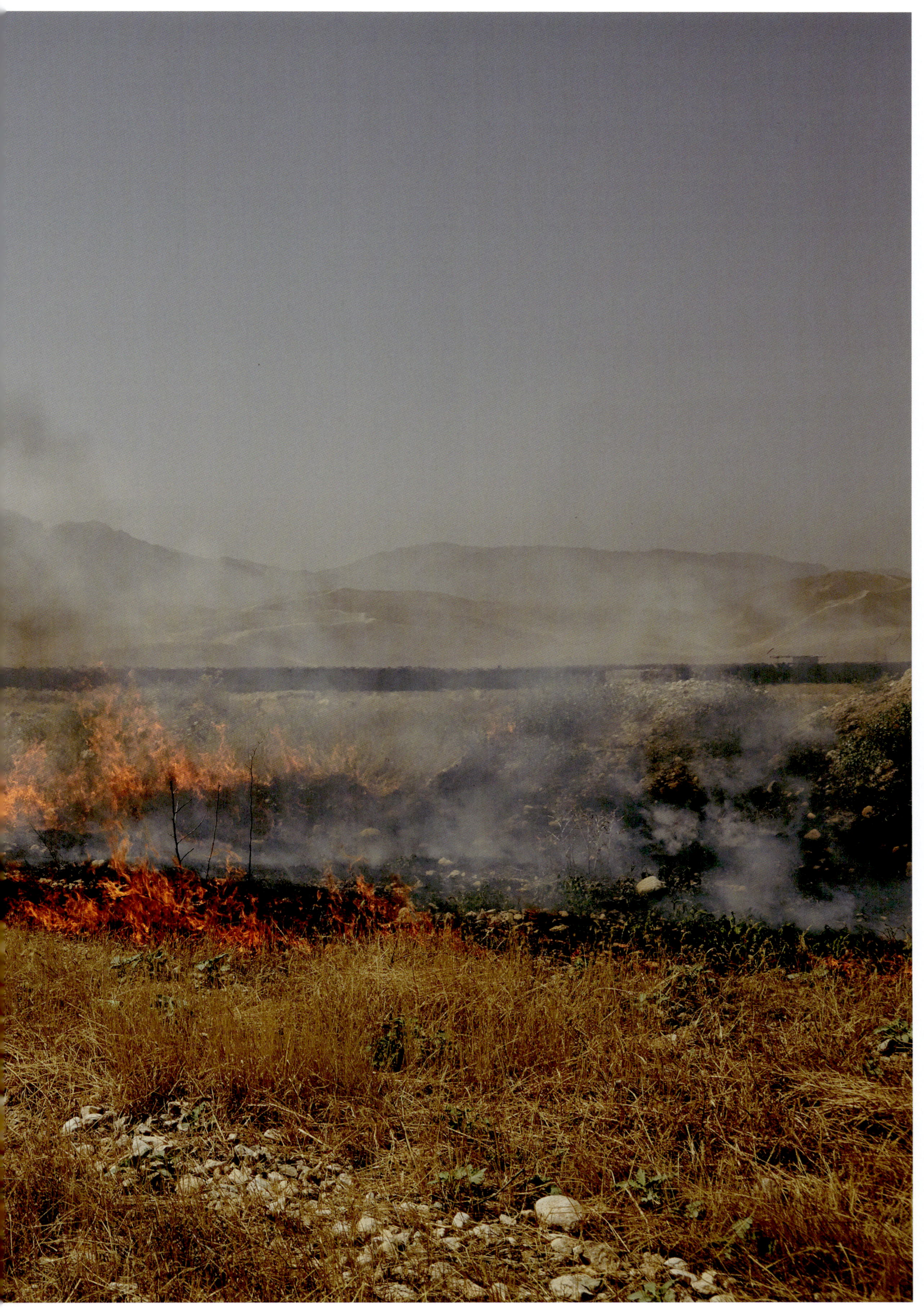

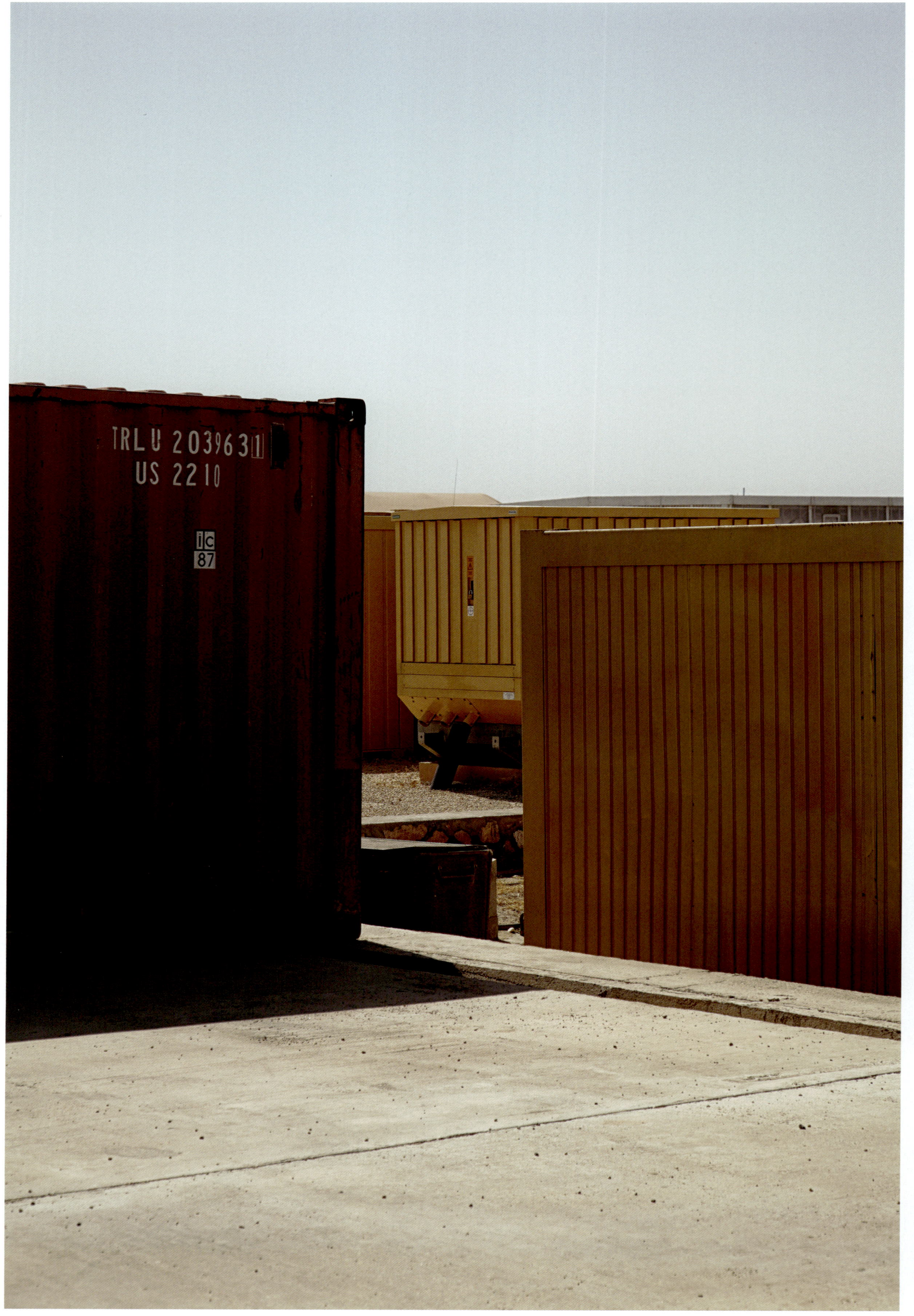
TRLU 203963 1
US 2210
ic
87

In einem Containerbüro des Camphauptquartiers ist die Presse- und Öffentlichkeitsabteilung der deutschen Streitkräfte mit zwei Mitarbeitern vertreten. Sie unterscheiden sich in ihrem Rang als Vorgesetzter und Untergebener, als Ober und Unter oder, in der universellen Sprache des Camps, als Chief und Administrator. Dem Chief der Presseabteilung sind die Bilder das Wichtigste. Nichts geht nach seiner Auffassung über die Macht der visuellen Kommunikation. Zu diesem Zweck wird an einem der wenigen windigen Tage des Sommers eine Hebebühne an das Ehrenmal der gefallenen Soldatinnen und Soldaten bestellt. Der Chief der Presseabteilung lässt sich im Korb der Hebebühne über das Ehrenmal fahren, um vor diesem Hintergrund ein aussagekräftiges Bild von der flatternden deutschen Fahne für die Homepage der Streitkräfte zu machen. Der Administrator der Presseabteilung steht bei diesem Vorgang unten im Schotter vor dem Ehrenhain und blickt mit einem Ausdruck der Bewunderung im Gesicht nach oben zu seinem höhergestellten Kollegen.

[314]

[315]

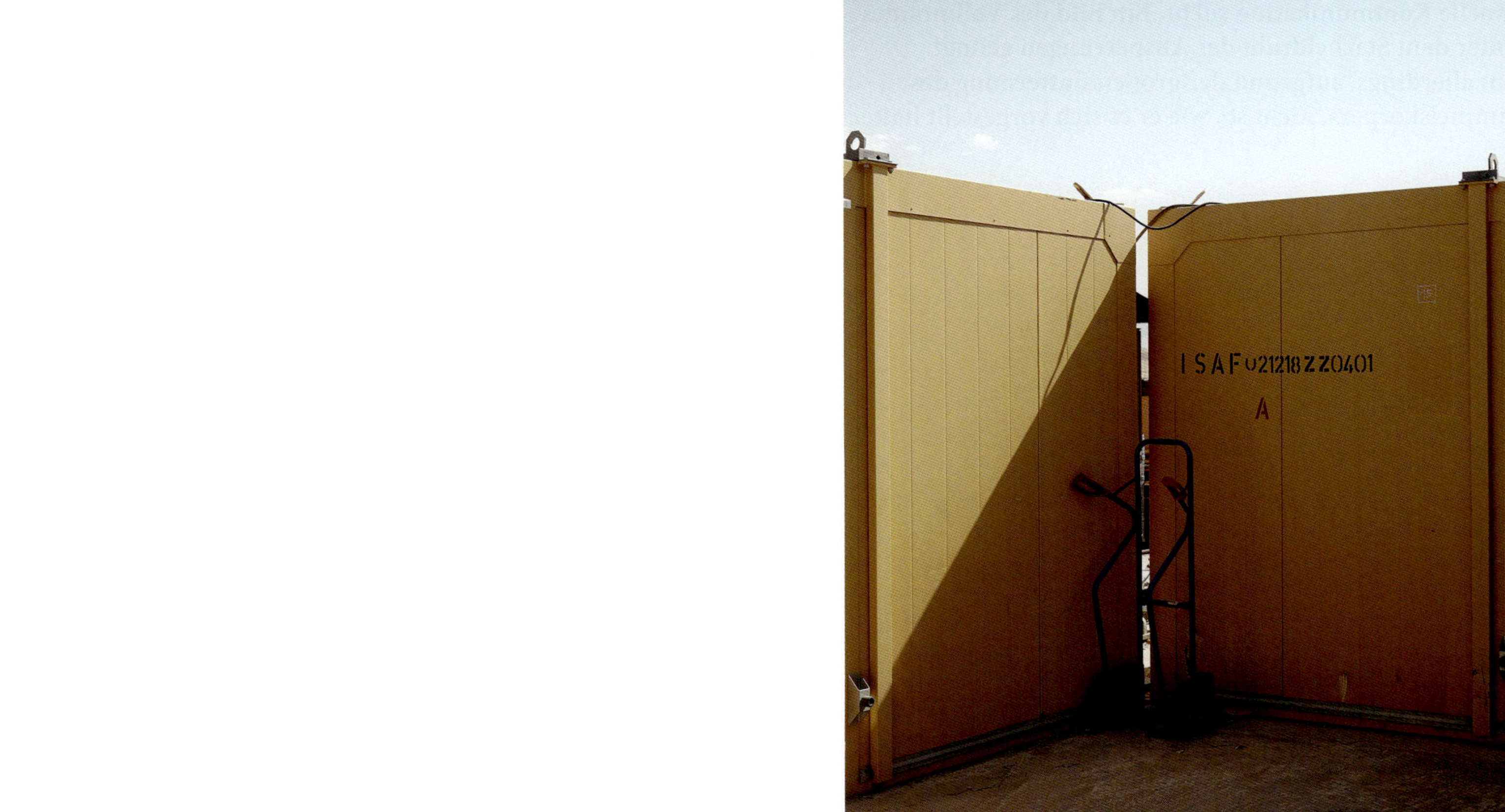

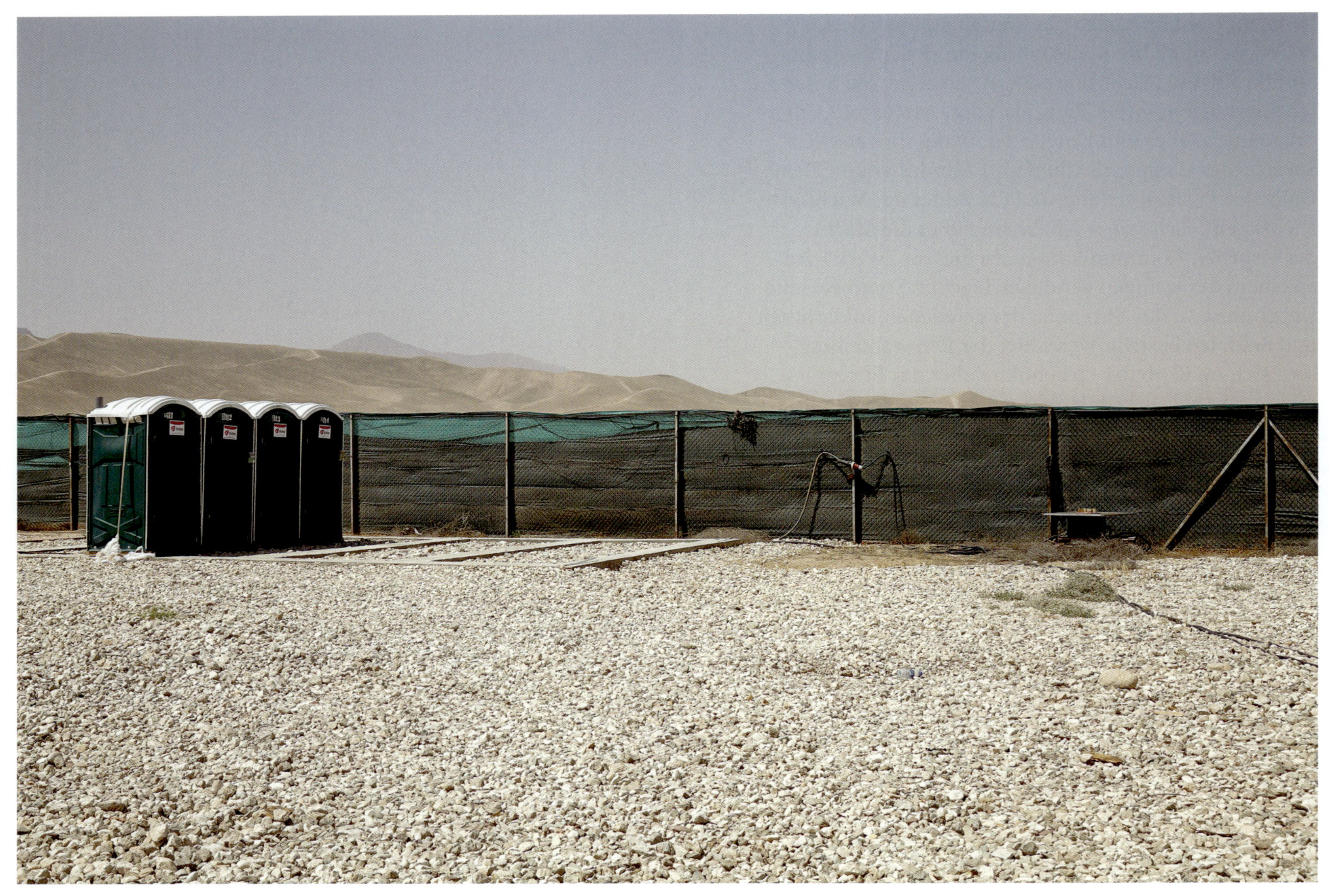

Auch nachts ist der Chief der Presseabteilung dabei zu beobachten, wie er im Camp nach guten Motiven für die visuelle Kommunikation sucht. Ein Bild des Vollmondes hinter dem Stacheldraht der Absperrungen gelingt ihm allerdings, aufgrund der großen Entfernung des Himmelskörpers, nicht so, wie er es sich vorgestellt hatte.

[321]

[322]

Für viele bedeutet das Leben und Arbeiten im Camp eine Form der Einfachheit, die im Leben und Arbeiten außerhalb des Camps niemals erreicht werden kann. Die Komplexität des Alltags und seiner Anforderungen wird für die Dauer des Einsatzes vereinfacht und strukturiert. Es besteht Gewissheit über den Ablauf des Tages, über Essens- und Ruhezeiten, Aufgaben und Dienstwege, die Gesellschaft von Kameradinnen und Kameraden, die Grenzen der eigenen Befugnisse und des Lebensraumes. Die Deutung und Einordnung der Vorkommnisse und die Entscheidung über ihre Auswirkungen auf die Strategie der unmittelbaren Zukunft obliegen der Einsatzleitung. Wer schon Erfahrung hat mit dem Leben im Camp, weiß bereits bei der Ankunft, wo was ist und wie es läuft. Für ein paar Monate bleiben bei den wenigsten noch Fragen offen.

[324]

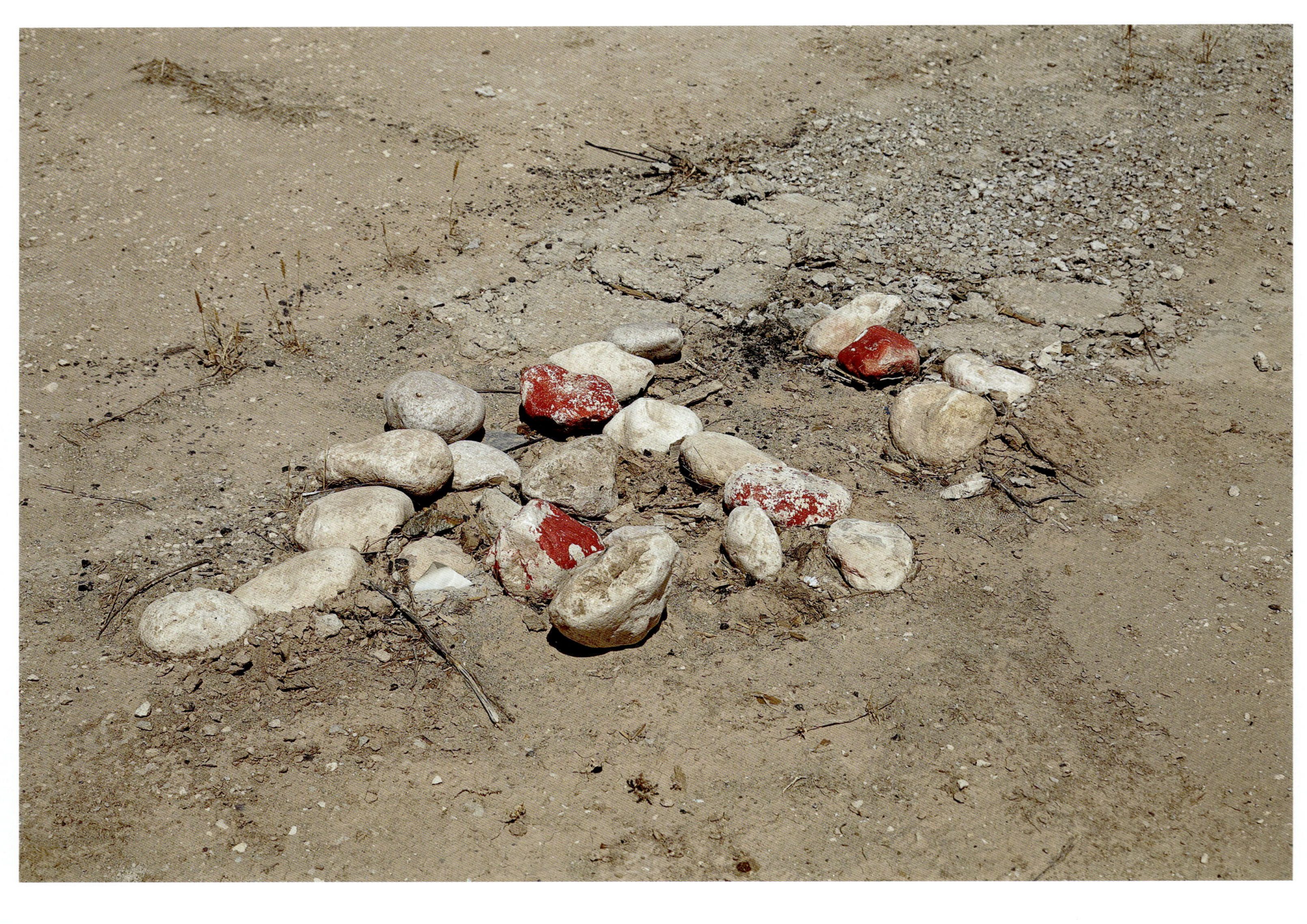

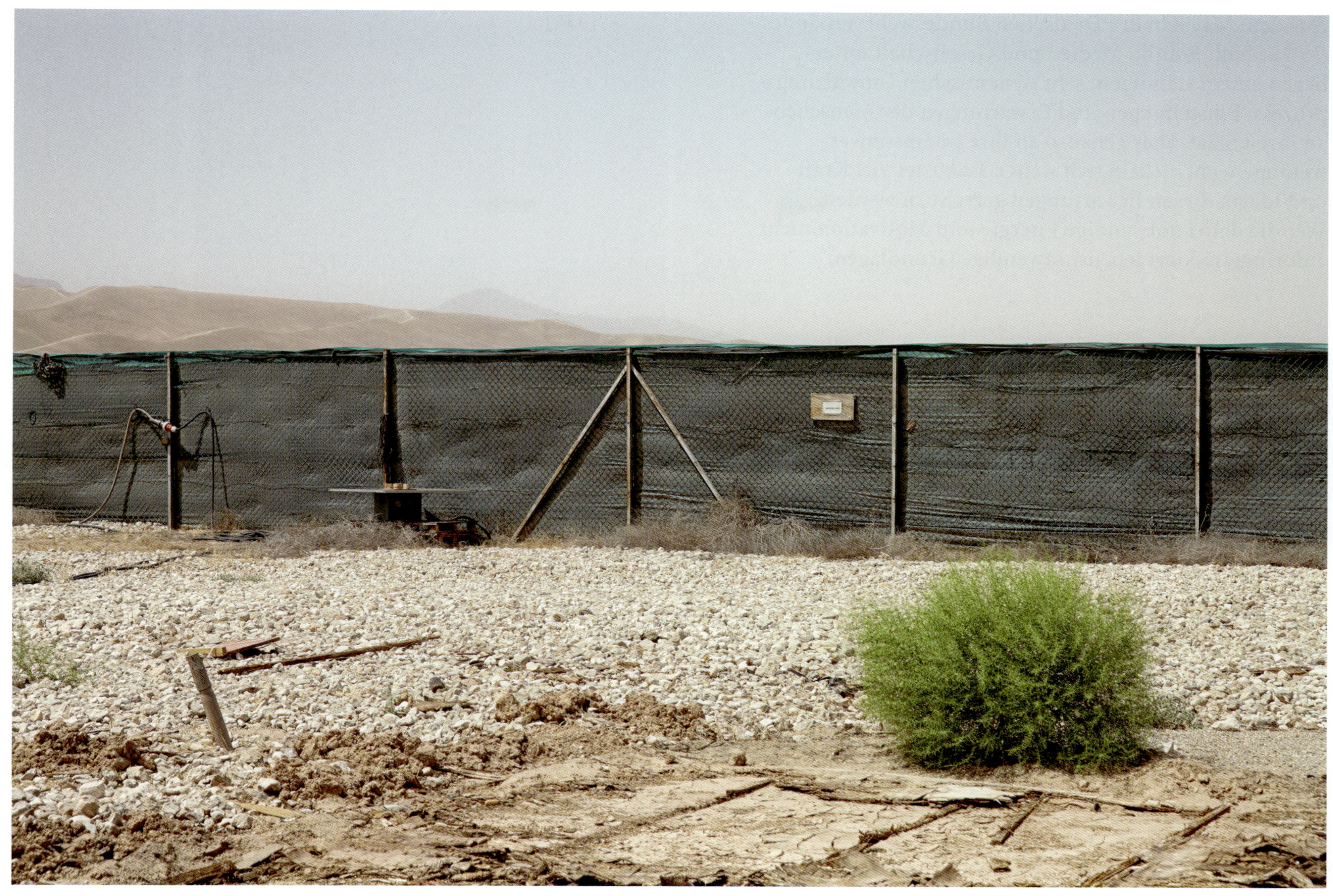

Nach Rückkehr in den Heimatort kommt es häufig zu einer Art Heimkehrerdepression, die sich nicht zuletzt auf den plötzlichen Einbruch der Komplexität des Lebens in den Alltag zurückführen lässt. In der Rückschau erscheint vielen dann auch der vergangene Einsatz in seiner vermeintlichen Einfachheit, dem Geklärt- und Geregeltsein aller äußeren Belange, als eine eigentlich hyperkomplexe Angelegenheit. Das größte Problem, so erzählt es Hauptfeldwebel P. im Gespräch, sei aber, dass man sich nach der Zeit im Camp von der Realität zuhause entfremdet habe. Man beginne sich dann bald schon zurück zu sehnen, nach den Abläufen und der Struktur der letzten Monate.

Aus dem Magazin des Deutschen Bundeswehrverbandes: „Wirtschaft, Politik, Medien und Gesellschaft unterliegen einem ständigen, sehr dynamischen Umwälzungsprozess. Einstellungen und Erwartungen der Menschen an ihren Staat, aber genauso an ihre Interessenvertretungen, entwickeln sich weiter. Es kostet viel Kraft und Ideen, diesen Erwartungen gerecht zu werden. Wer die dafür notwendige Energie und Motivation nicht aufbringt, riskiert lebensnotwendige Grundlagen."

[334]

[335]

[336]

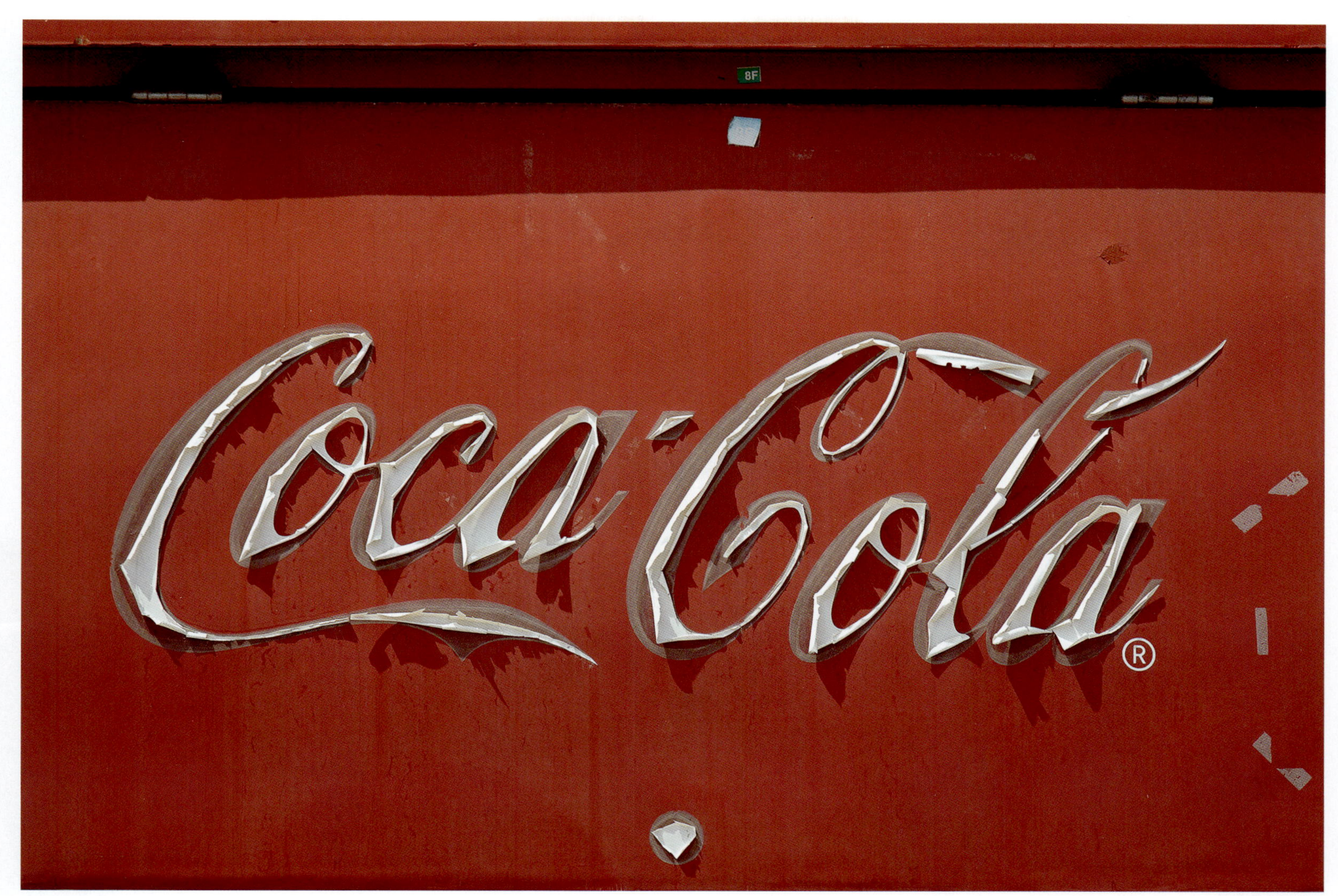

Erste Qualität des Soldaten: Geduld. [340]

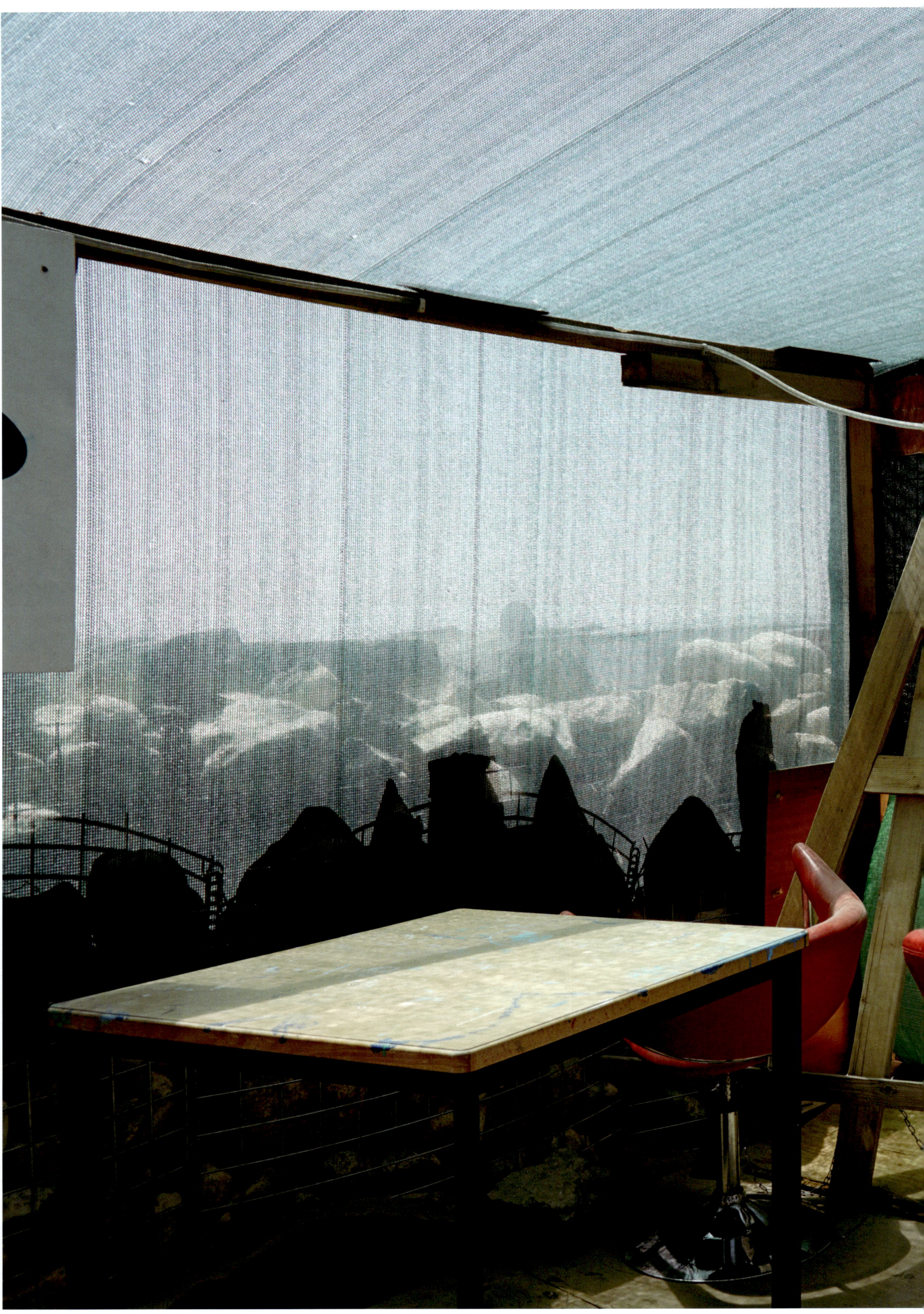

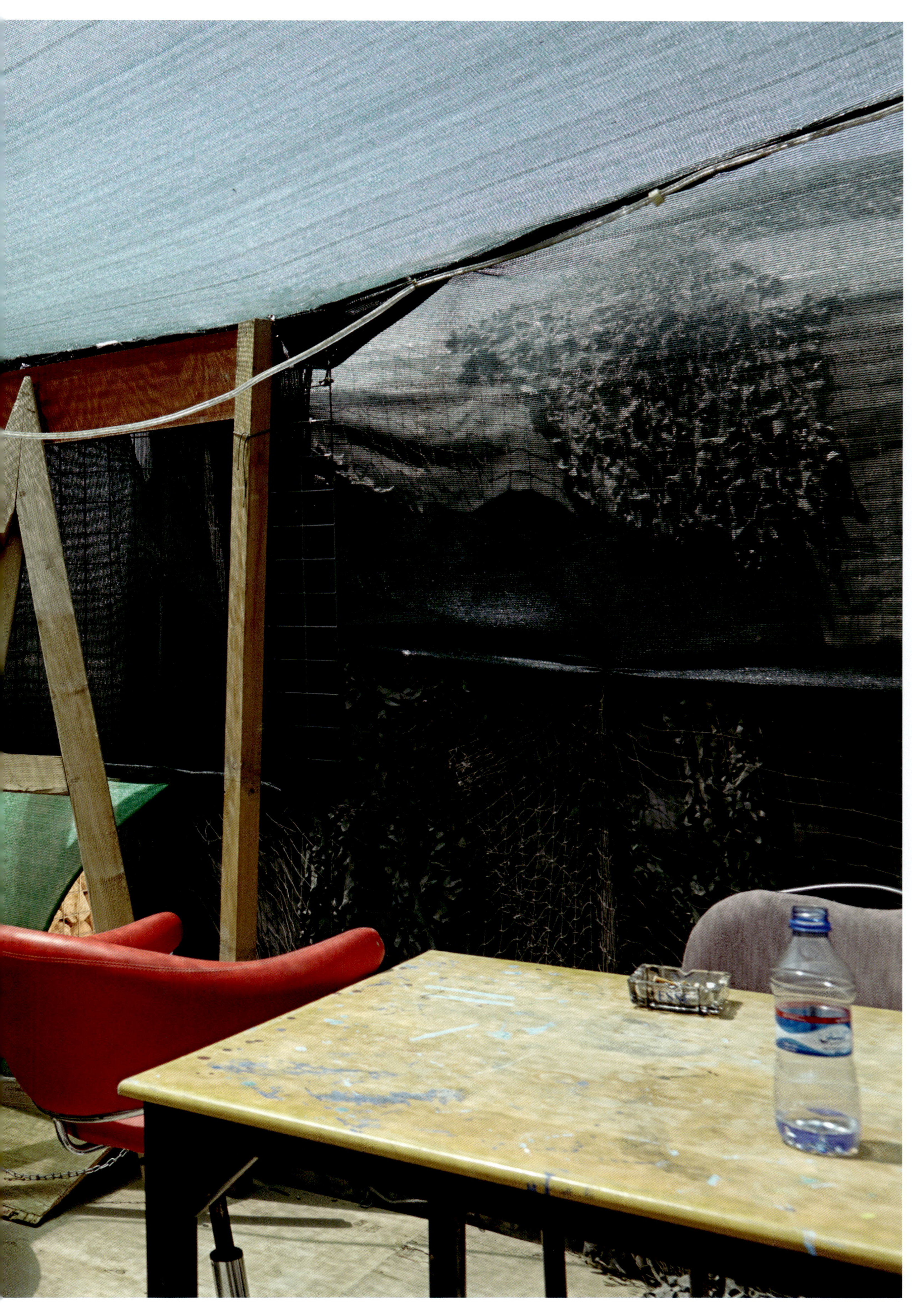

[349]

Entlang jeder einzelnen Straße, die das Camp durchzieht, wurden betonierte Abflussgräben angelegt. Sie sind zu dieser Jahreszeit meist trocken, im Frühjahr führen sie das Wasser aus den Bergen, wenn der Schnee schmilzt und die kurze Regenzeit beginnt. An einem Tag ist in einem dieser Gräben ein kleines Bächlein entstanden, durch das wartungsbedingte Abpumpen größerer Wassermengen aus einem der campinternen Trinkwasserbrunnen. In diesem Bächlein finden sich sofort einige Frösche ein. Auch ein rosafarbener Gummiball treibt auf ihm die Straße entlang.

Kurz zuvor wurde die Weisung ausgegeben, nicht häufiger als einmal am Tag und nicht länger als vier Minuten zu duschen. Auch steht die Überlegung im Raum, die Sporteinrichtungen vorübergehend zu schließen, um zu verhindern, dass sich Soldaten, die am Morgen bereits ihr Waschwasserpensum verbraucht haben, nach dem Sport am Abend erneut unter die Dusche stellen.

[352]

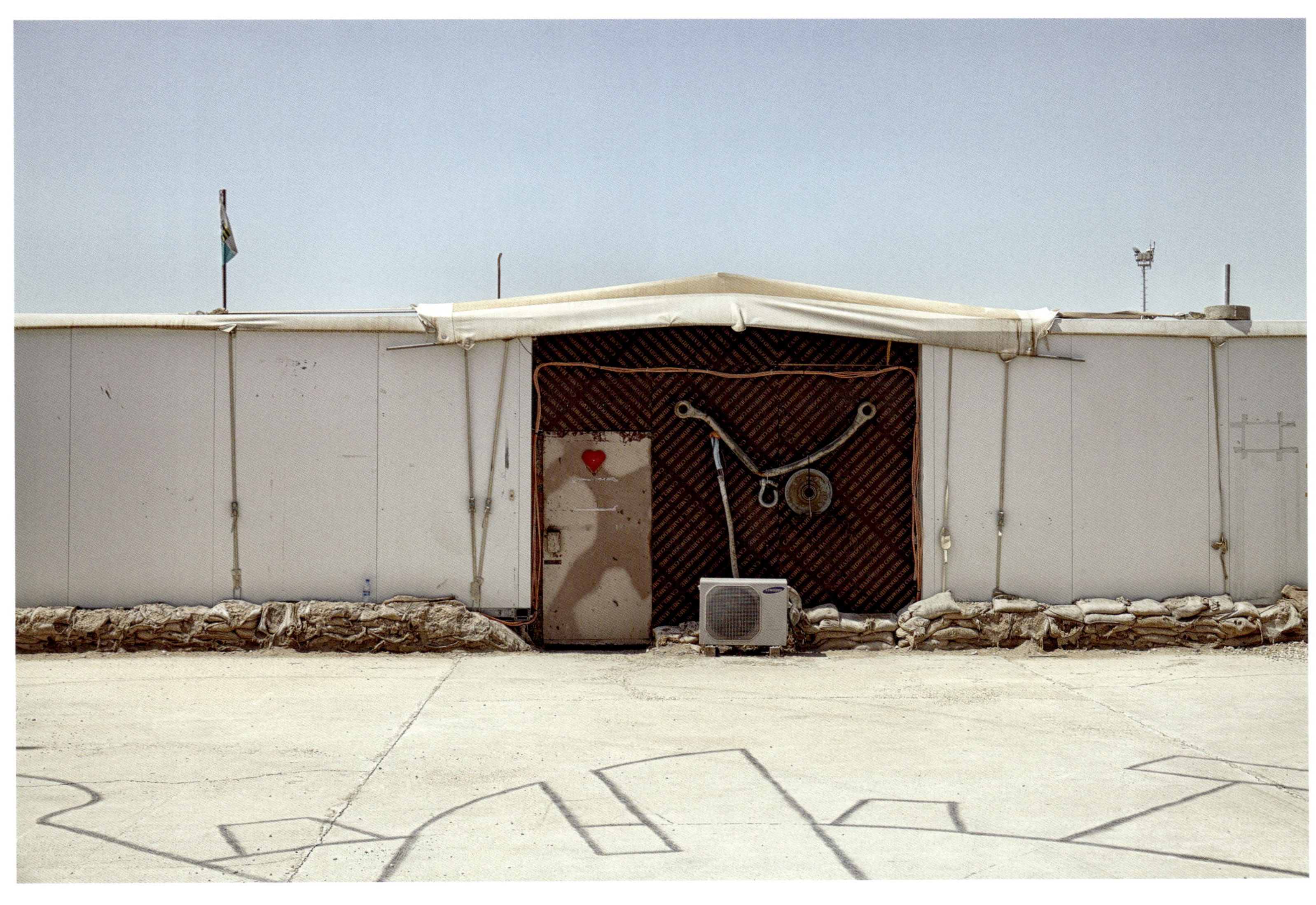

Das graue Airbus-Flugzeug, das den Schriftzug der Luftwaffe auf der Seite trägt, unterscheidet sich kaum von einer gewöhnlichen Passagiermaschine. Die Flugbegleiter tragen grüne Overalls, das Menü aber, das sie servieren, trägt das Logo der Lufthansa. Es gibt keine erste Klasse. Man schaut durch den gesamten Fluggastraum bis zur Tür zum Cockpit, die die meiste Zeit offen steht.

Für die Landung im Camp erhält die graue Passagiermaschine Geleitschutz von zwei Düsenjägern, außerdem werden die Fensterblenden geschlossen und die Maschine komplett abgedunkelt. Das einzig verbleibende Licht im Fluggastraum ist das orangefarbene Leuchten der Anschnallzeichen. Die Passagiere, überwiegend Uniformierte mit unbeteiligten Gesichtern, sitzen in dieser dunkel dröhnenden Röhre für die gesamte Dauer des Landungsanflugs auf das Camp. Hin und wieder rüttelt es in der Kabine und man denkt: Jetzt. Die Zeit aber dehnt sich lang aus, bis das Flugzeug wirklich auf der Landebahn aufsetzt. Das Aufstehen und Rausgehen erfolgt gemäßigt und geordnet. Man verlässt die Maschine und tritt in das ebenfalls orangefarbene Licht des Flughafens. Im Ankunftsbereich ist eine garagenartige Halle aus Wellblech innen mit Tarnnetzen und Fahnen ausgekleidet, es gibt Kickertische für die Wartenden und Sitzgelegenheiten aus Bambus. Sehr viele Soldaten sind gekommen, um die Neuen zu begrüßen. Es wird sich umarmt und auf die Schulter geschlagen. Einige der Soldaten, die sich zur Begrüßung eingefunden haben, tragen lange Bärte im Gesicht.

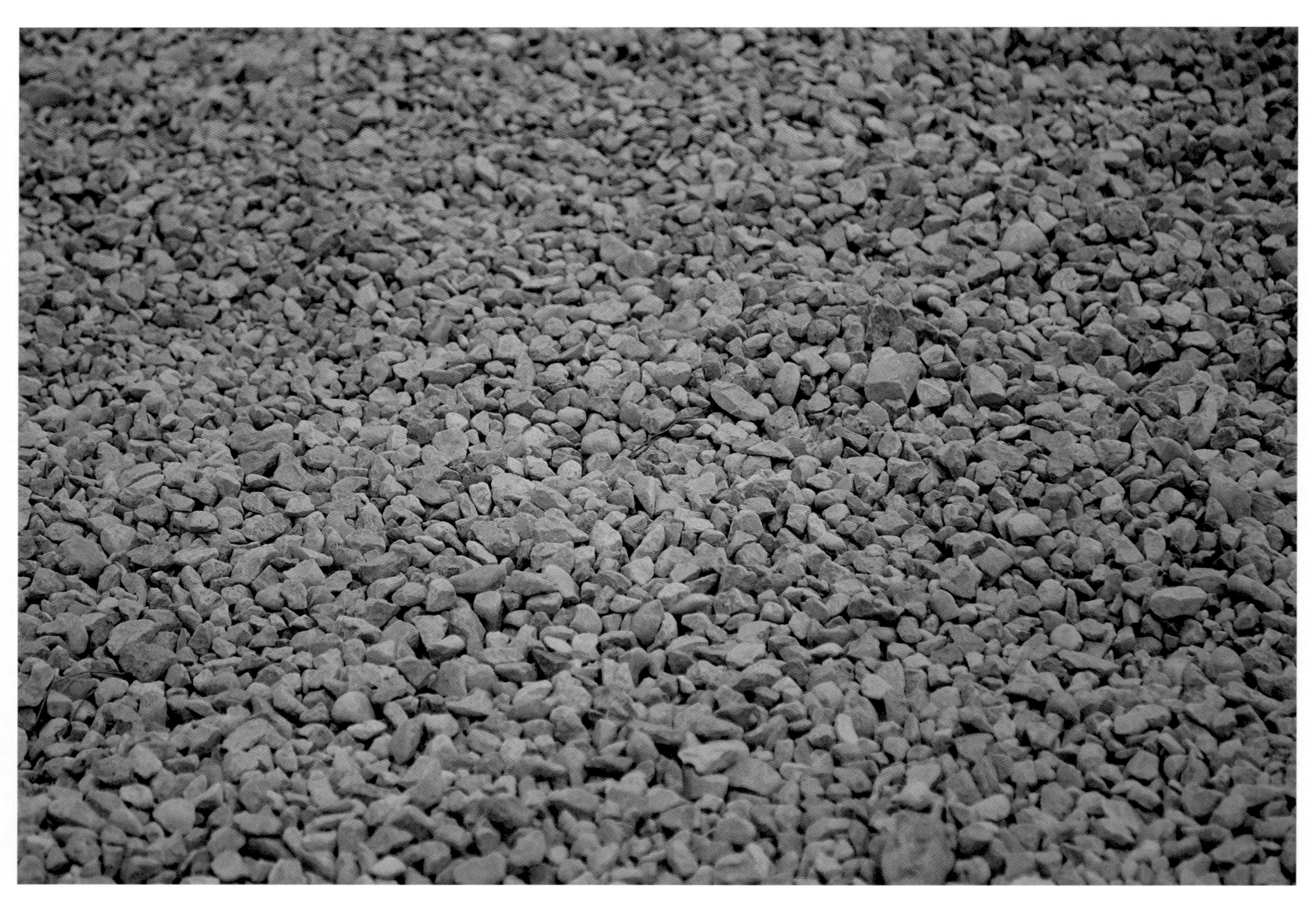

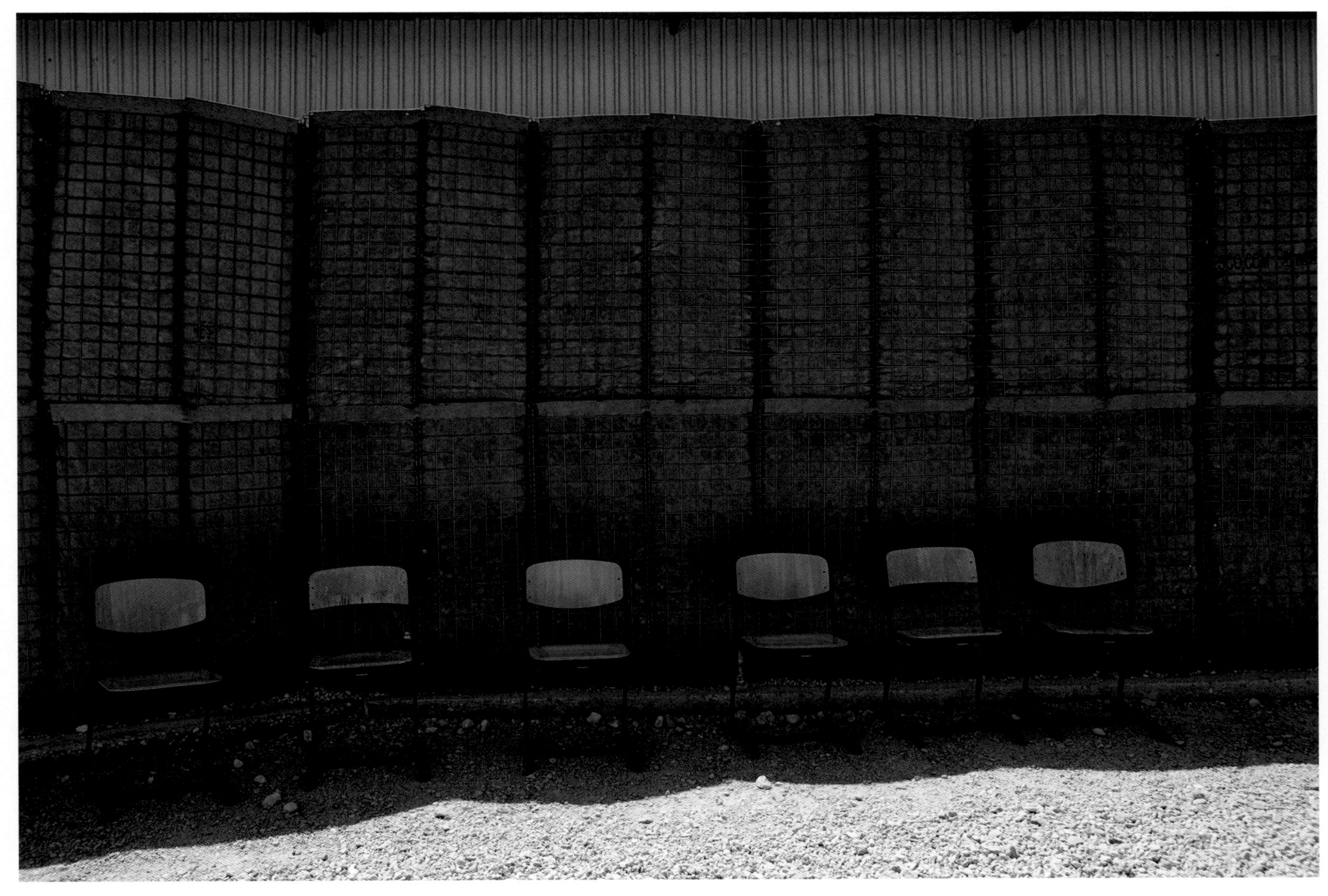

An der Wand des Campkommandeurcontainers hängen gerahmte Portraits von Joachim Gauck, Angela Merkel und Ursula von der Leyen. Dem schweren Schreibtisch gegenüber befindet sich eine kunstlederne Sitzgruppe mit Glastisch. Ein untergebener Soldat bringt eisgekühlte Coladosen auf einem Tablett herein. Der kommandierende General spricht davon, dass man hier in diesem Land einen *light footprint* hinterlassen wolle. Er als Campkommandeur sei auch nur Einsatzsoldat, allerdings von der Verteidigungsministerin berufen. Bei seinem Auftritt im Einsatzradio vor einigen Minuten mahnte er Nachsicht mit den lokalen Kräften an. Es komme der Fastenmonat auf sie zu und das sei bei den hiesigen klimatischen Bedingungen eine große Belastung. Danach grüßte er noch alle Soldaten mit dem Pink Floyd Song *Wish You Were Here.*

Menschenführung und das Schaffen von Vertrauen für die Sache gehörten zu seinen Hauptaufgaben, sagt der General. Es gehe darum, den Soldaten ein Gefühl dafür zu vermitteln, dass sie ihr Leben für eine gute Sache riskieren. Nicht zuletzt sei die Armee schließlich eine Wertegemeinschaft, die auf Konsens basiere. Nach außen hin müsse man in der Lage sein, bedrohlich zu wirken. Die Grundlage für seine Arbeit sieht der General aber in der hervorragend funktionierenden Demokratie seines Herkunftslandes. Dieses Selbstverständnis sei die schärfste Waffe des eigenen Staates. Auf die Frage, ob man vielleicht noch ein Foto von seinem Büro machen dürfe, antwortet der General: „Feuer frei!“

Eine von armenischen Soldaten bewachte Sicherheitsschleuse führt von der Straße auf das Rollfeld des Militärflughafens. Die Start- und Landebahn teilt man sich hier mit dem zivilen Flughafen der angrenzenden Großstadt. Wer mit dem Auto durch die Sicherheitsschleuse hindurch will, muss zunächst aussteigen, um das Auto herum laufen und alle Steinchen aus dem Profil der Reifen pulen, da Steinchen eine Gefahr für die Turbinen der Flugzeuge darstellen. Vom Rollfeld aus überquert man die Start- und Landebahnen und befindet sich ohne Weiteres auf dem Gelände des zivilen Flughafens. Eine neuge baute Empfangshalle steht dort wie verlassen. Portraits der ranghöchsten Politiker des Landes hängen übergroß an der Fassade, es sind die einzigen Gesichter, die in weitem Umkreis zu sehen sind. Turkish Airlines bietet Linienflüge zwischen der nahen Großstadt und Istanbul an.
Die Flugzeiten sind unregelmäßig. Nur ein sehr kleiner Bruchteil der Bevölkerung kann sich das Reisen mit dem Flugzeug leisten.

[366]

[367]

[368]

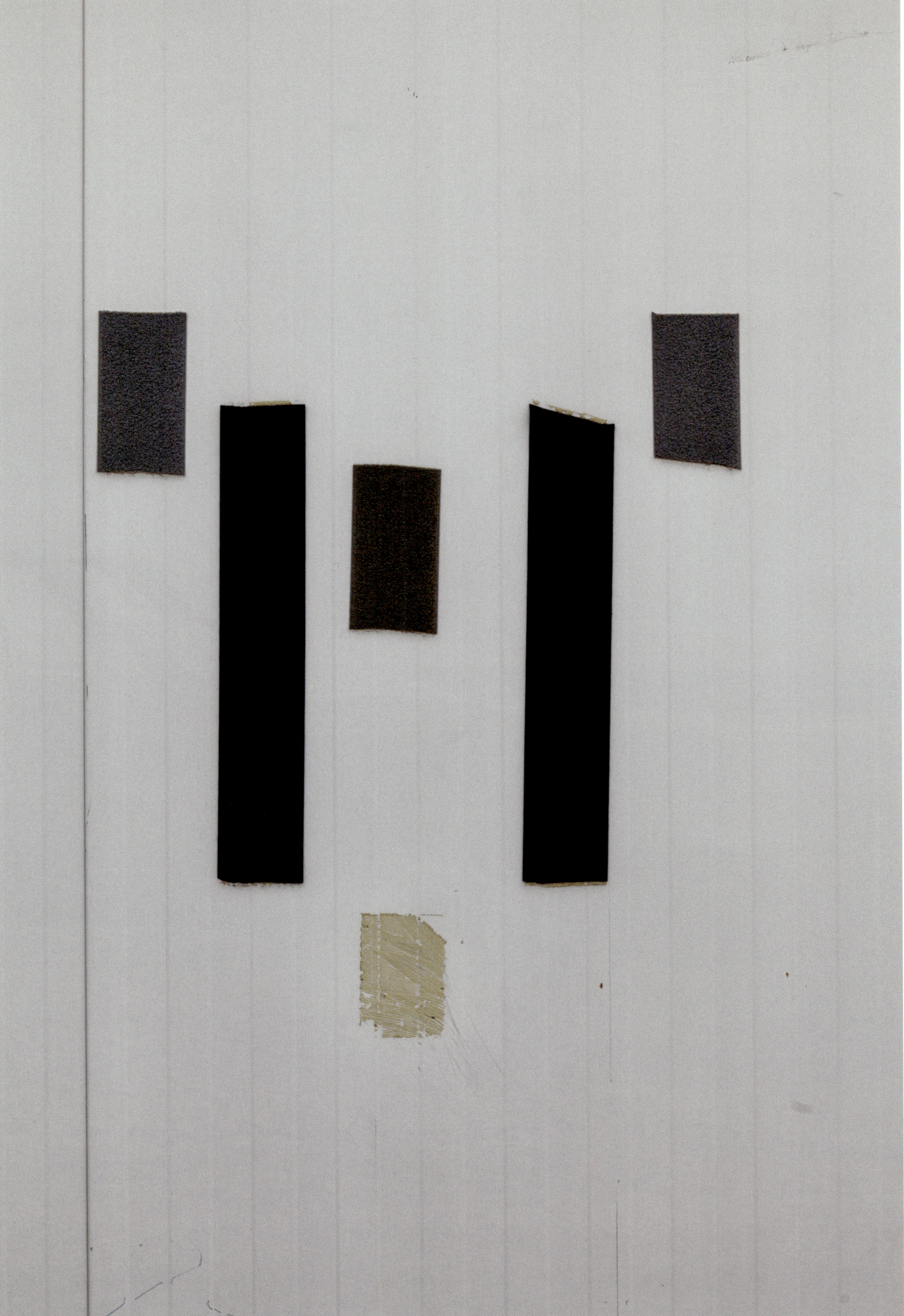

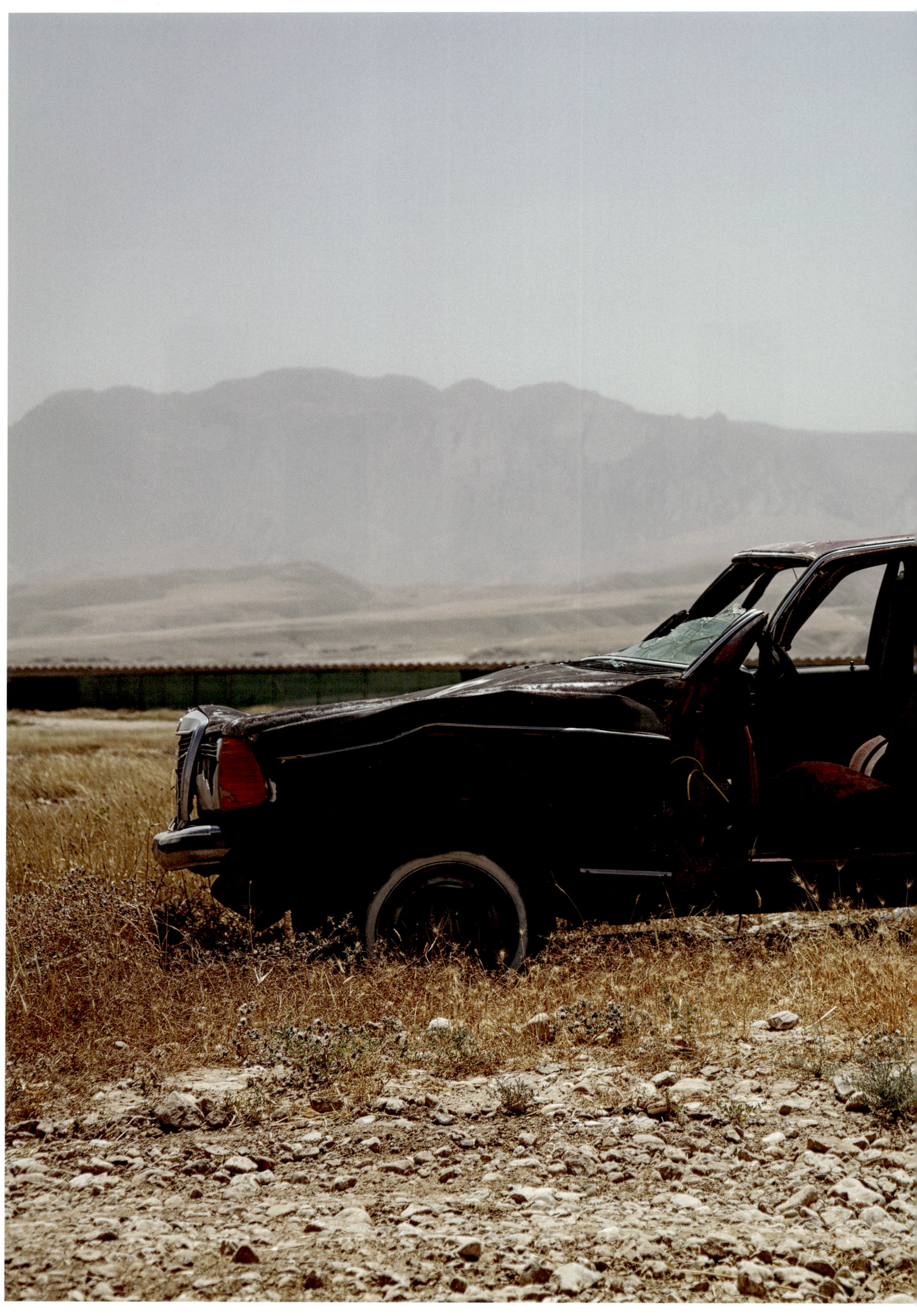

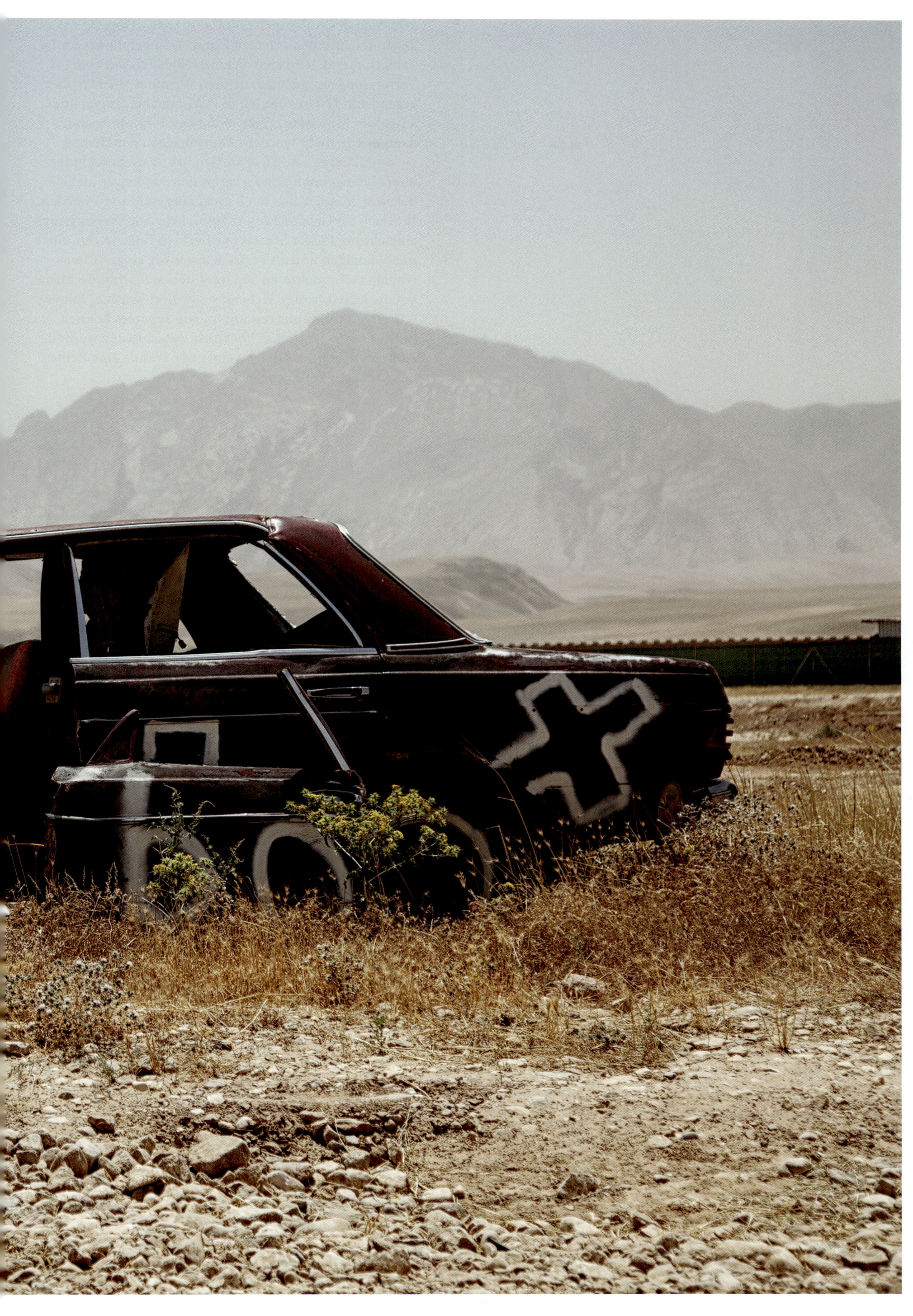

Während des Aufenthalts im Camp wird dringend davon abgeraten, mit den privaten Handys, Smartphones und Tablets über den lokalen Netzbetreiber *Etisalat* eine Verbindung aufzubauen, da man vermutet, die hierüber gesendeten Daten könnten in Pakistan abgefangen und ausgehorcht werden. Fälle, in denen Verbindungsdaten dazu missbraucht wurden, Angehörige in der Heimat zu kontaktieren und zu erpressen bzw. Falschmeldungen über Gefangennahmen zu verbreiten, sind zwar nicht bekannt, können aber auch nicht ausgeschlossen werden. In einem der Gebäude des Atriums, neben der Versorgungseinrichtung *Planet Mazar*, existiert ein Internetcafé eines unabhängigen und als vertrauenswürdig eingestuften Anbieters. In mehreren Séparées stehen Flachbildschirme, auf die kugelförmige Webcams montiert wurden, hinter schwarzen Computertastaturen. Die Séparées können mithilfe eines Vorhangs blickdicht verschlossen werden. Außerdem befindet sich an einer der Wände eine Reihe Telefonkabinen für internationale Anrufe.

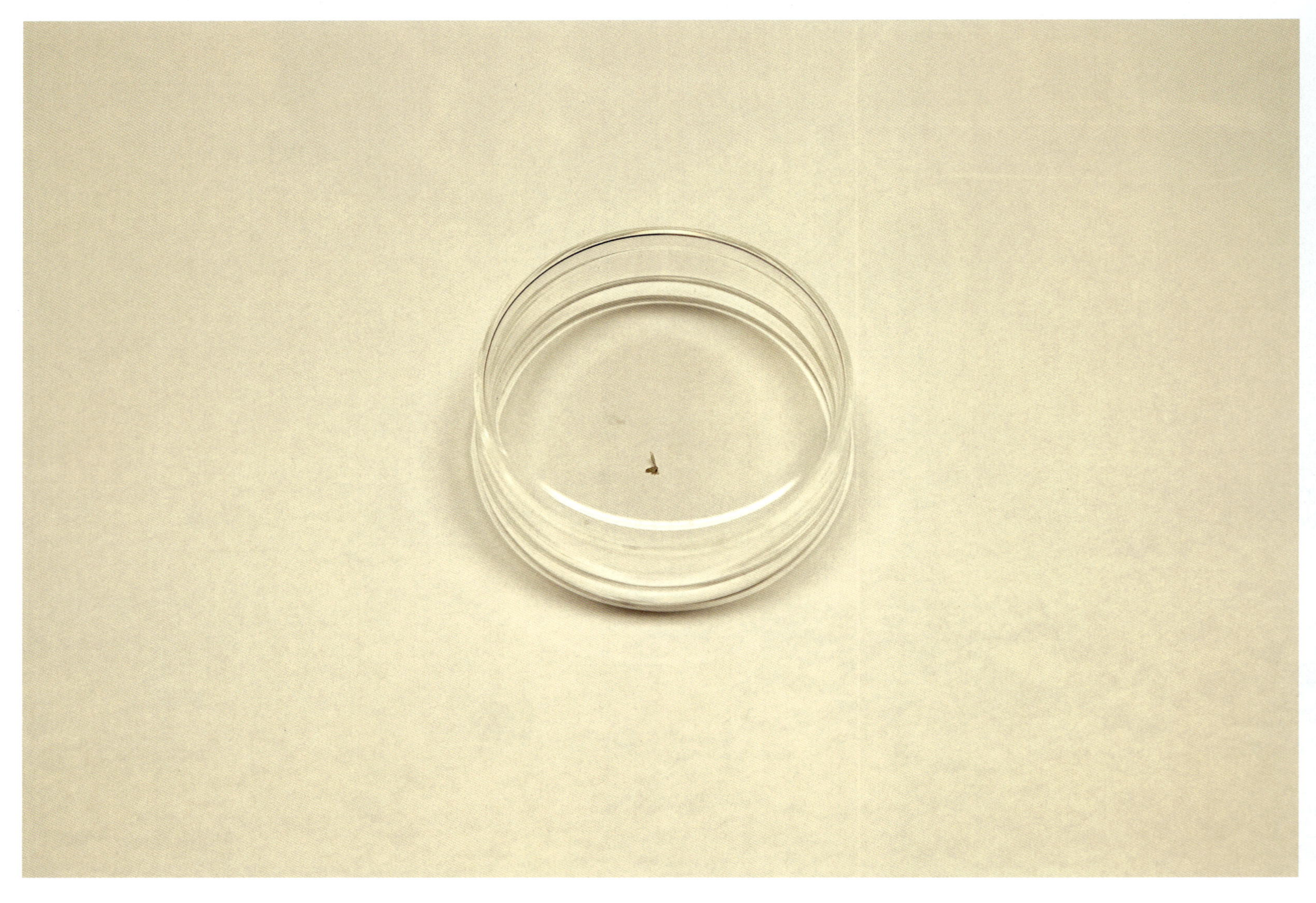

[385]

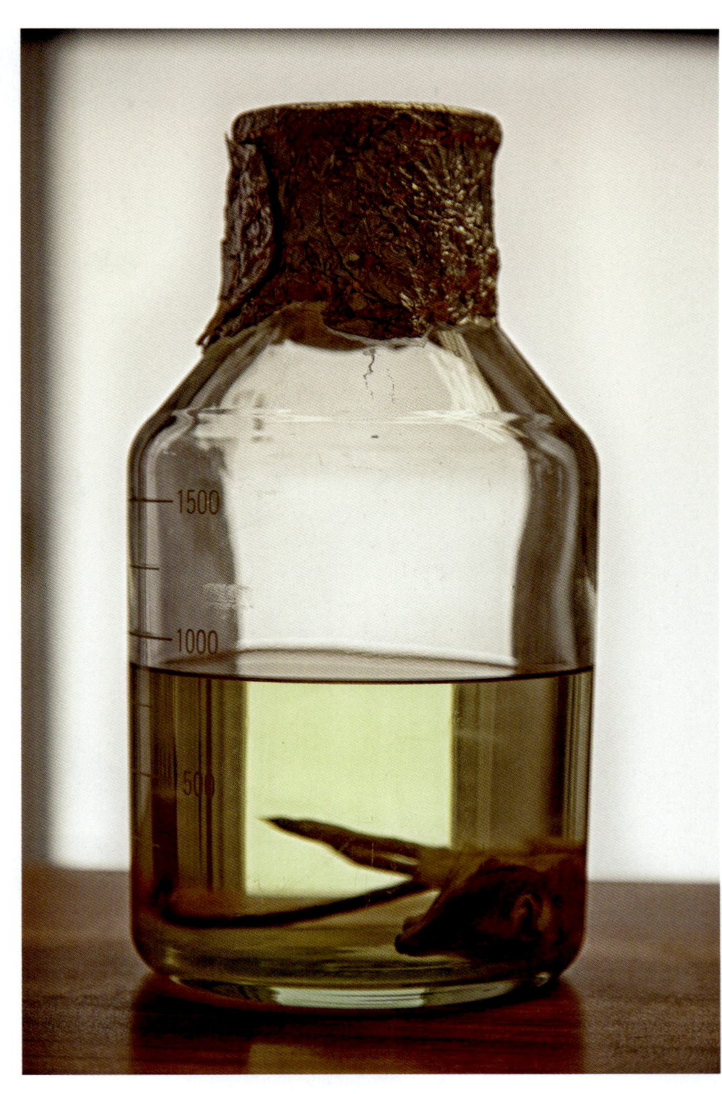

[387]

Das Internetcafé ist zu jeder Tageszeit vollständig verwaist. Niemand benutzt mehr die Computer hinter den sorgfältig zur Seite drapierten Vorhängen. Die Beleuchtung und die Klimaanlage sind noch in Betrieb, an manchen Arbeitsplätzen tanzen Würfel oder Schriftreihen über die Bildschirme. Wer vom *Planet Mazar* aus aufs Klo geht, kommt an diesem menschenleeren Internetcafé vorbei. An den Wänden hängen Poster von Fregatten, Kampfflugzeugen, Hubschraubern und karibischen Strandlandschaften. Es wirkt, als wäre das Café noch in ständiger Erwartung der Vielen, die hier früher einmal, vor Erfindung des mobilen Internets, die Verbindung zu ihren Verwandten, Freunden, Frauen und Männern aufgenommen haben. Trotz der vermeintlichen Gefährdung wollen die im Camp stationierten Soldatinnen und Soldaten diese Verbindungen aber lieber im Privaten aufbauen. Das Angebot bleibt ungenutzt.

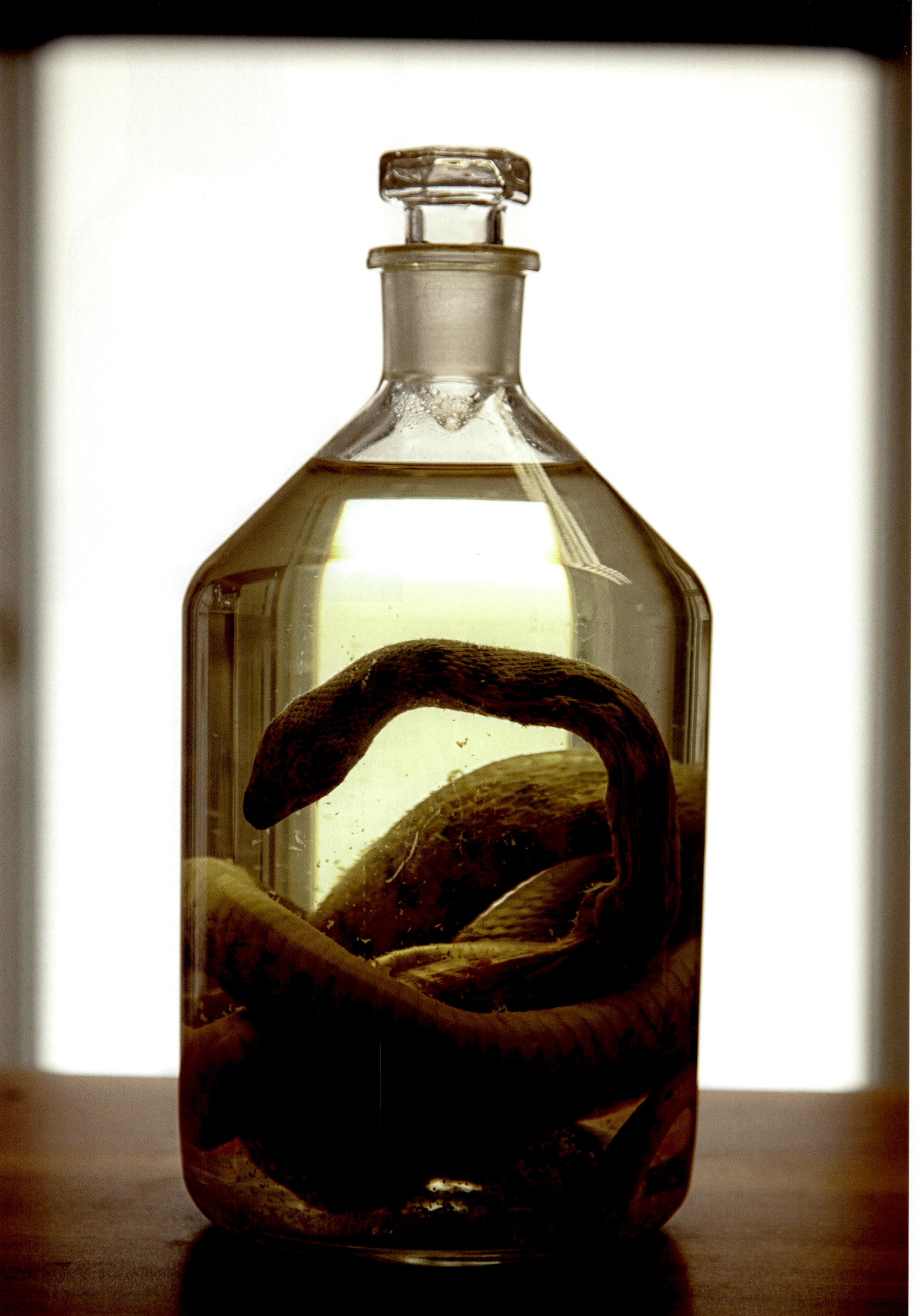

[394]

Am Haupttor des Camps durchquert man auf dem Weg nach draußen verschiedene Schleusen und Sicherheitszonen. Die lokalen Arbeiter, die Wachmannschaften und die wenigen, die im Zuge der Ausbildungsmission das Camp regelmäßig verlassen, passieren diese Schleusen und Sicherheitszonen täglich mehrfach. Für die, die im Camp verbleiben, ist es eine Besonderheit. Manche von ihnen kennen die äußeren Ringe der Sicherheitszonen nur aus der Theorie.

[395]

Der Chief der Presseabteilung begibt sich persönlich auf den Weg durch diese Schleusen und Sicherheitszonen, durch das mongolische Gate, vorbei am Schreibtisch des diensthabenden Wachmanns, durch die schmalen Durchgänge, die wie Startboxen beim Hunderennen aussehen, in einem überdachten Bereich mit grimmigen Wachleuten, an der großen Röntgenanlage vorbei, die jedes ankommende und ausfahrende Fahrzeug einmal durchleuchtet, durch die engen Gänge aus Maschendraht, an den Panzersperren und Betonblöcken vorbei bis zum afghanischen Gate, wo ein paar müde aussehende Soldaten im Schatten einer Plane Bastmatten ausgebreitet haben.
Im Zwischenbereich zwischen dem mongolischen und dem afghanischen Gate befinden sich kleine Hütten, wie in Schrebergärten, provisorische Werkstätten in Zelten, ausrangierte Container voller Holzlatten oder rostiger Drahtrollen. Hinter dem afghanischen Gate öffnet sich das Tor auf eine längs an der Campmauer entlanglaufende Straße.

Ein Tanklaster der Firma Blackwater, die hier wirklich für den Abwassertransport zuständig ist, kommt mit hoher Geschwindigkeit vorbeigerauscht. Auf der anderen Seite der Straße hocken und stehen ein paar afghanische Journalisten in der prallen Sonne und warten darauf, abgeholt zu werden. Der Chief der Presseabteilung begrüßt die wartenden Journalisten mithilfe eines Dolmetschers. Vor dem Gang durch die Sicherheitszonen des Haupttors erklärte der Chief der Presseabteilung, er hole die Journalisten, die im Camp über ein Treffen der hohen Militärvertreter des Landes berichten sollen, persönlich ab, um stellvertretend für die hier stationierten Nationen Fürsorge zu bekunden.

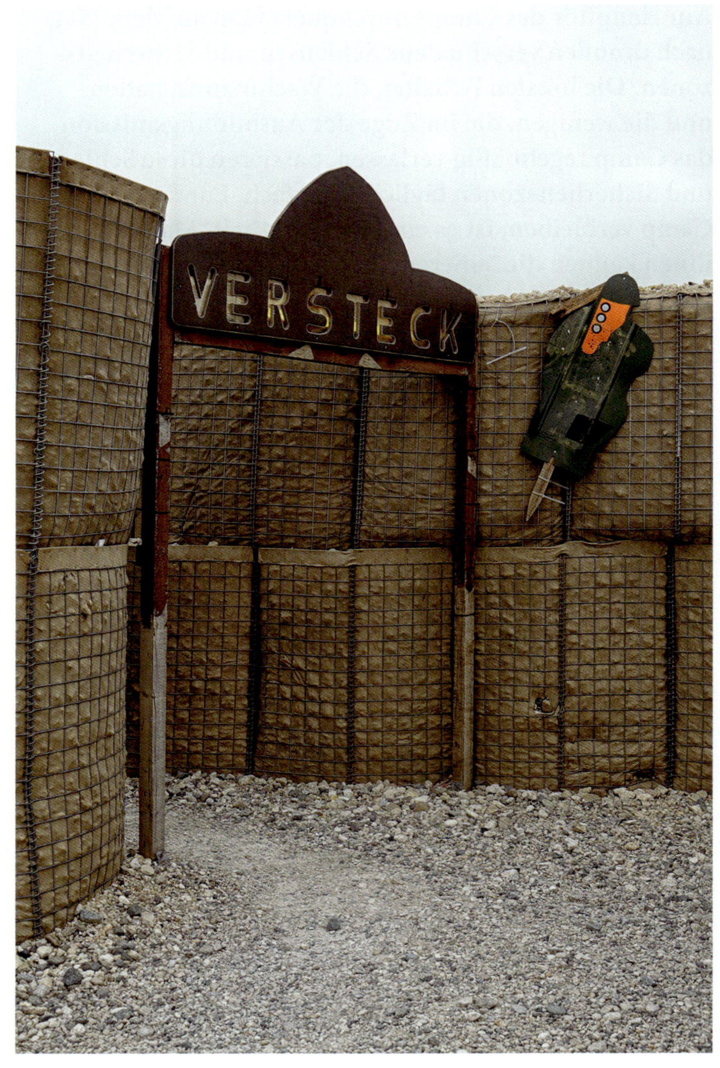

Die Journalisten werden zur Sicherheitskontrolle unter die Plane der afghanischen Armee gebeten. Ihre Ausrüstung muss von einem Spürhund abgeschnüffelt werden und wird dafür auf den Bastmatten ausgelegt. Der Hund ist noch nicht da. Es gibt zu wenig Schatten, um darin zu warten. Die Journalisten müssen wieder in der Sonne stehen. Ein weiterer Tanklaster der Firma Blackwater kommt angefahren, um Abwasser aus einem nahen Sammelbecken abzupumpen. Er wird aufgehalten, wegen der empfindlichen Nasen der Hunde. Der erste Hund, der schließlich gebracht wird, beschnüffelt nur die Hälfte der Ausrüstung, bevor er keine Lust mehr hat. Der kroatische Hundetrainer, der ihn an der Leine zum afghanischen Gate geführt hat, sagt, er habe zu lange im heißen Auto warten müssen. „This dog is finished."
Ein zweiter Hund muss geholt werden, die Kontrollen ziehen sich lange hin und der Chief der Presseabteilung wird nervös, weil er gern ein besseres Bild abgegeben hätte.

[401]

In einem Aufenthaltsraum im Atrium bekommen die Journalisten schließlich von zwei freundlichen Soldaten ein Mittagessen ausgeteilt. Es gibt Hühnchen mit Reis. Die Journalisten essen und unterhalten sich, die meisten sind noch sehr jung. Während die Journalisten zu Mittag essen, erzählt der Dolmetscher, dass er früher noch Leute aus dem Camp durch die nahe Großstadt begleiten konnte. Heute gehe das nicht mehr, es sei zu gefährlich für ihn und seine Familie.

[403]

[404]

In der Versorgungseinrichtung *Planet Mazar* im Atrium wird jeden Abend Clubmusik aufgelegt. Es gibt ein erhöhtes DJ-Pult über der Tanzfläche, die meist leer bleibt, wenn nicht hin und wieder kleinere Gruppen aus Soldatinnen und Soldaten darauf herumstehen und sich unterhalten. Am Rand der Tanzfläche sind abends Videoleinwände heruntergelassen, auf die Szenen von halbnackt tanzenden Menschen in Großraumdiskotheken bei Schaumpartys auf Ibiza projiziert werden. Außerdem gibt es Billard- und Kickertische, an denen regelmäßig Turniere stattfinden. Die Personen, die hier hinter der Theke stehen, stehen dort hauptamtlich während ihrer Zeit im Camp. Ihre Aufgabe ist das Befüllen der Kühlschränke, das Nachbestellen von Ware, das Öffnen von Getränkedosen, das Abkassieren, das Abzeichnen der Rationskarten für Alkohol, das Auf- und Zuschließen der Versorgungseinrichtung sowie, auf freiwilliger Basis, die Kommunikation mit den gelegentlich allein am Tresen sitzenden Soldatinnen und Soldaten.

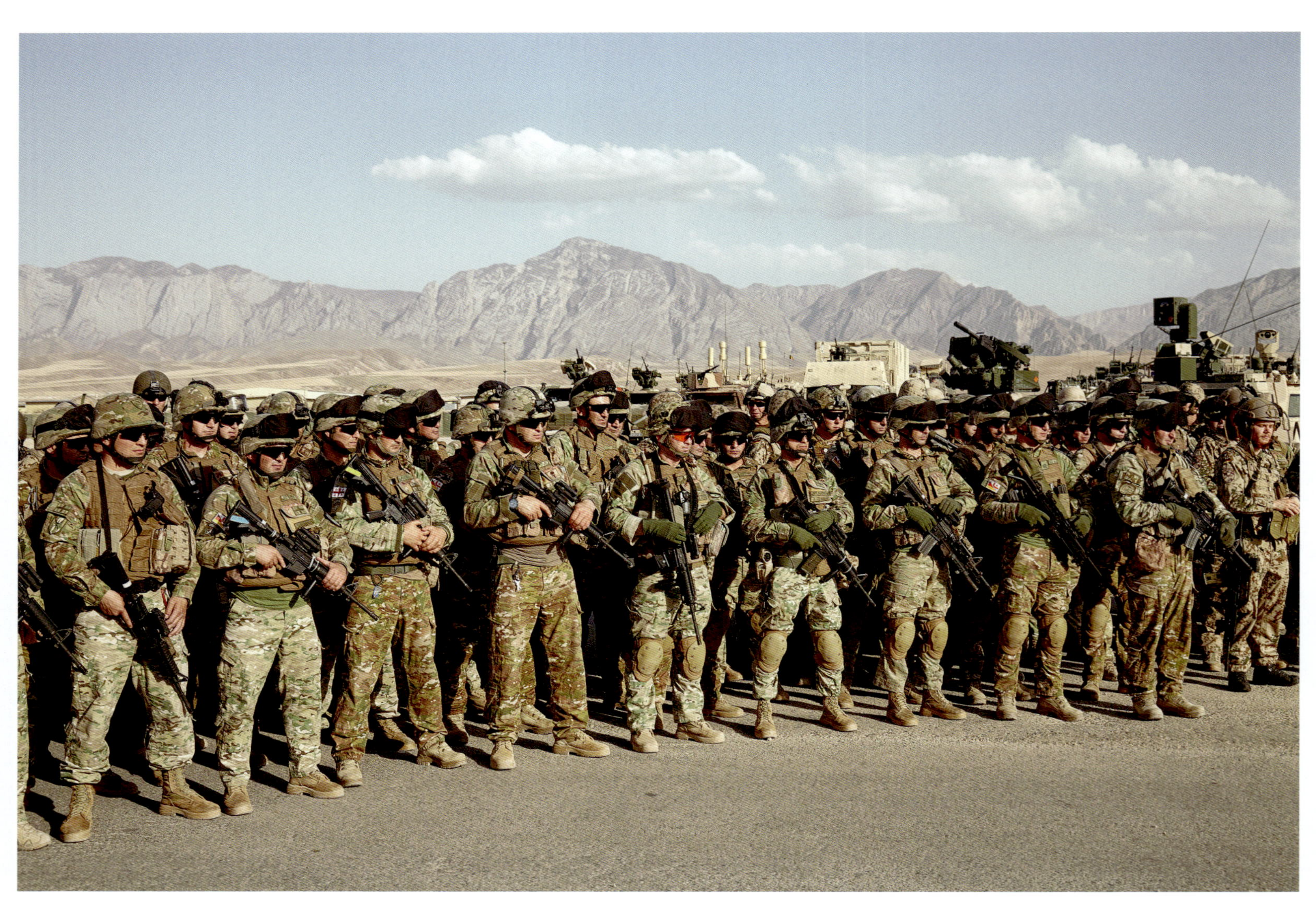

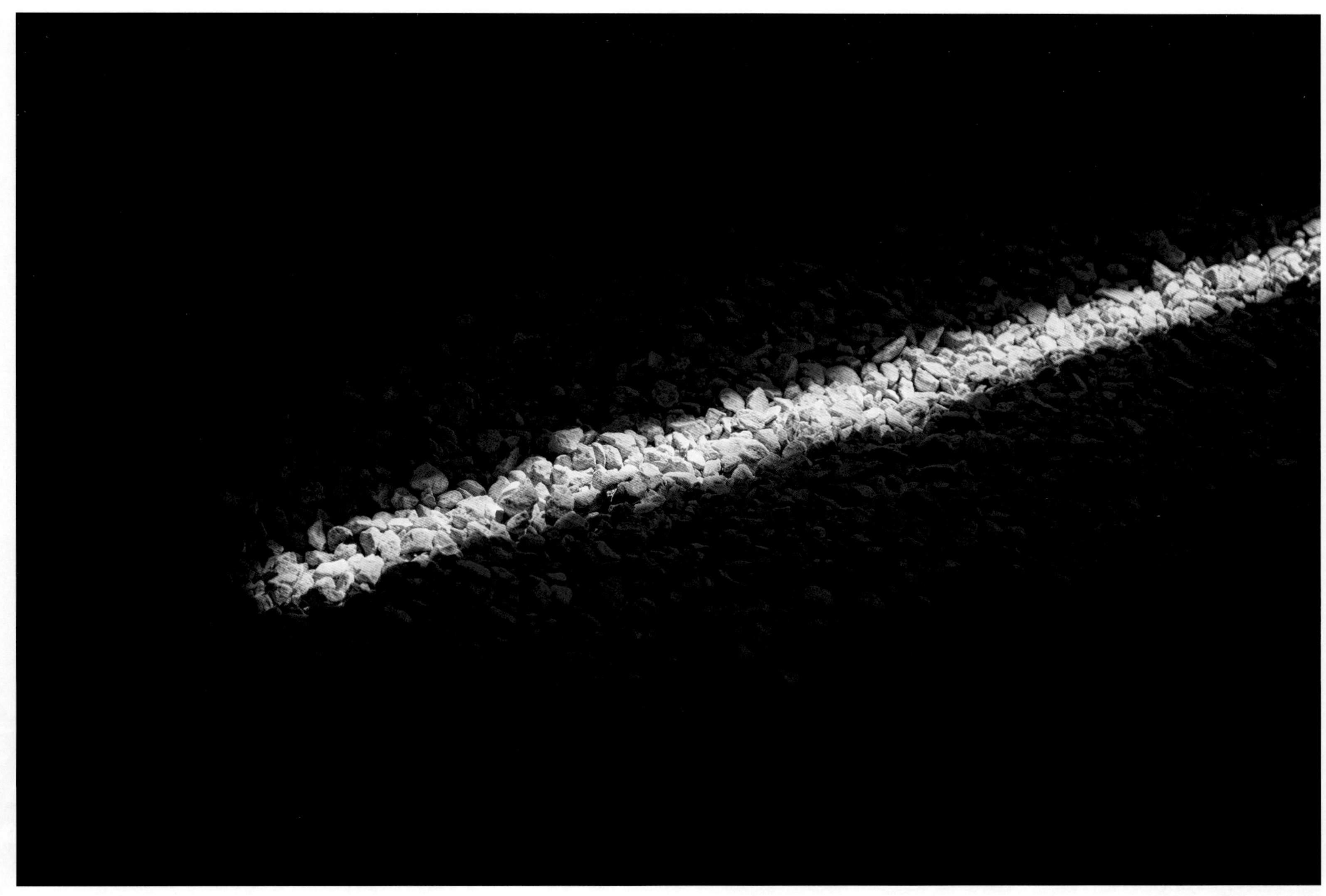

[411] In der Nebentheke *Blaue Lagune*, die den Reparaturwerkstätten in der Nähe des Flughafens angegliedert ist, steht ein junger Mechaniker hinterm Tresen, der erzählt, er habe die Karriere bei der Armee nach seiner Berufsausbildung aufgrund mangelnder Perspektiven auf dem freien Arbeitsmarkt begonnen. Nun befürchte er, dass er nach Ablauf seiner zehn Pflichtjahre nicht übernommen werden könnte. Seine Berufserfahrung als Mechaniker sei bedingt durch die militärischen Gerätschaften so spezifisch, dass sie in keiner zivilen Werkstatt zu gebrauchen wäre. Eigentlich müsste er noch einmal in die Lehre gehen. Er ist sehr verärgert über das Bild, das sich die Zivilbevölkerung zuhause von den Menschen macht, die sich hier im Einsatz befinden. Er sei jedenfalls, sagt der Mechaniker, während er zwei kühle Bierdosen über den Tresen reicht, nicht hierhergekommen, um sich zu besaufen.

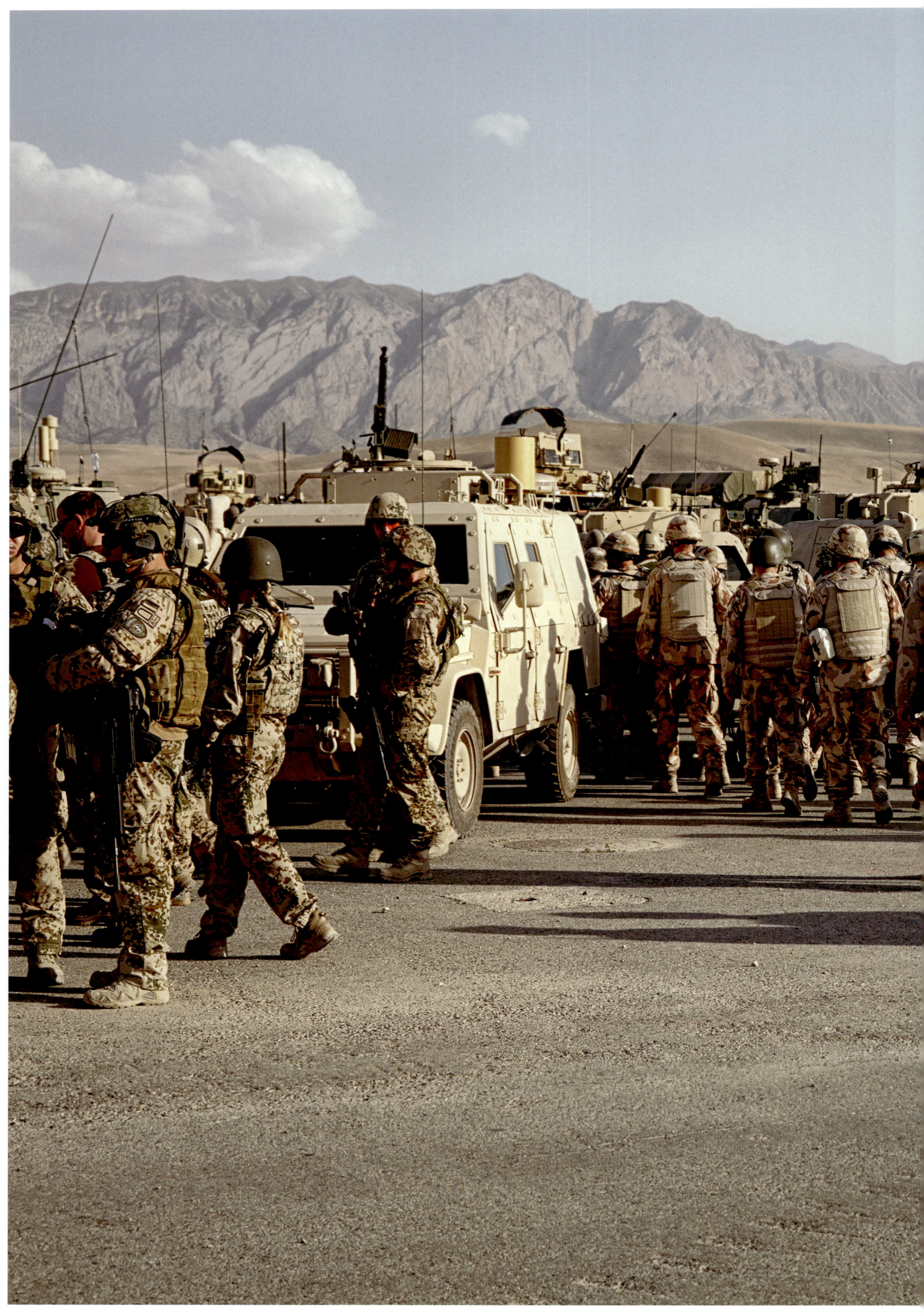

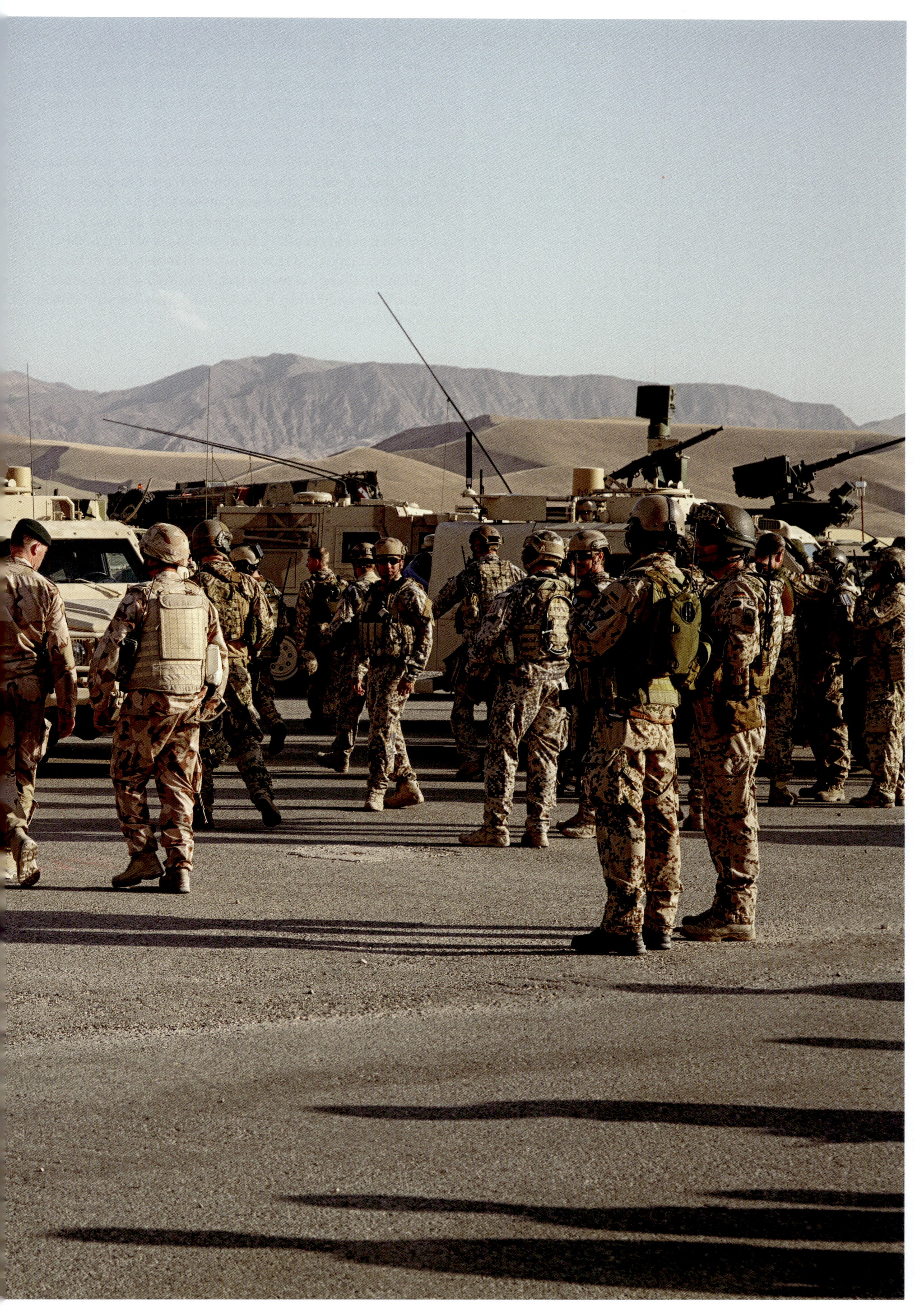

[421]

Der Abzug großer Truppenteile aus dem Camp, der in den vergangenen Jahren erfolgte, war für die auf dem kleinen Marktplatz nahe des Haupttors ansässigen lokalen Händler ein großer Verlust. Gerade diejenigen Soldatinnen und Soldaten, die während ihrer Einsatzzeit die Grenzen des Camps nicht verlassen konnten, kauften zuverlässig ihre Souvenirs und Geschenke auf dem kleinen Markt. Heute sitzen die Händler die meiste Zeit über auf Hockern vor ihren Containerbuden und warten auf Kundschaft. Das Geschäft mit den Ärmelpatches läuft nach wie vor relativ gut. Auch kleinere Teppiche und Lapislazuli werden gern gekauft. Es besteht, wie auf Märkten üblich, die Möglichkeit zu feilschen. Die Händler sind dabei sehr freundlich und verweisen ausnahmslos auf die Qualität der Ware und nicht auf die Lage der Menschen außerhalb des Camps.

[423]

[424]

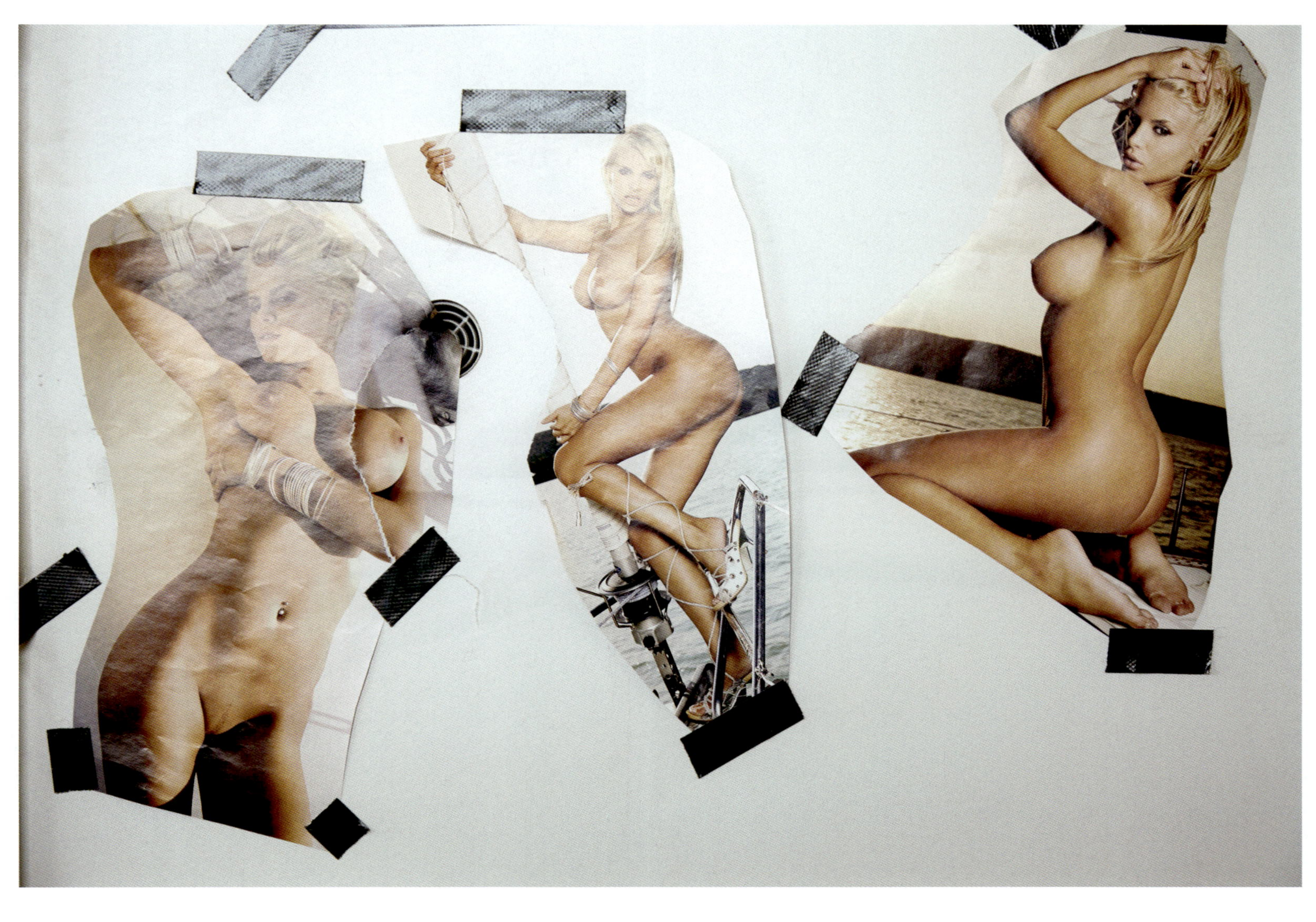

Ein Teil der Soldatinnen und Soldaten ist bereits zum fünften oder sechsten Mal im Camp stationiert.
Da die Meldung hierfür freiwillig erfolgt, nennt man diese Leute auch Einsatzjunkies.

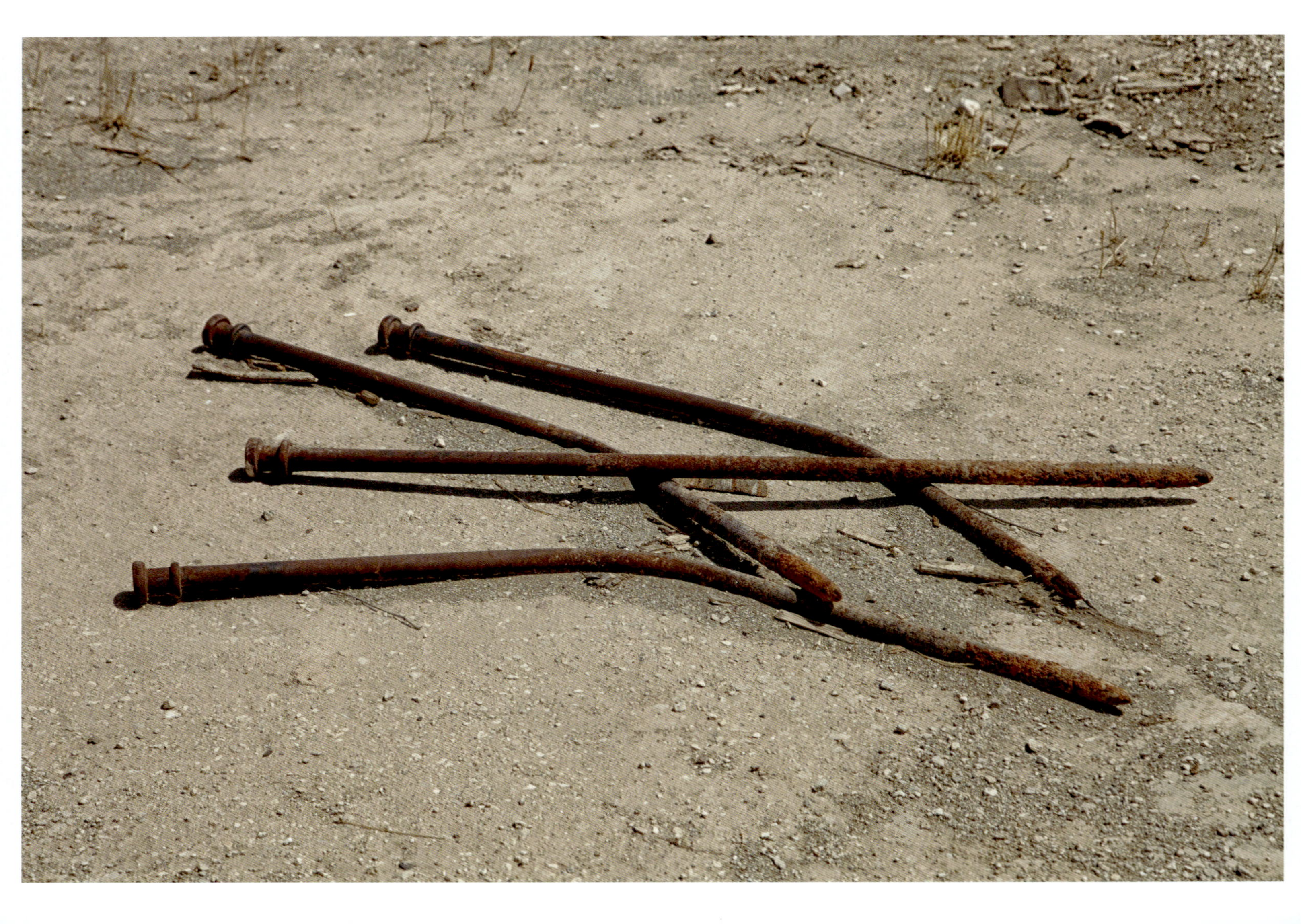

[433]

[434]

Eine wiederkehrende Geschichte: Jahre, nachdem ich mit ihm im Einsatz war, kam der General oder der Oberst Soundso auf einer Bankettveranstaltung oder einer Tagung quer durch einen menschenvollen Raum hindurch auf mich zu, weil er mich wiedererkannt hatte. Er sagte, damals hätte es dazu keine Gelegenheit gegeben, aber er wolle nachträglich noch einmal für den vorbildlichen Einsatz Lob aussprechen und gratulieren. Er sei damals sehr beeindruckt gewesen.

[436]

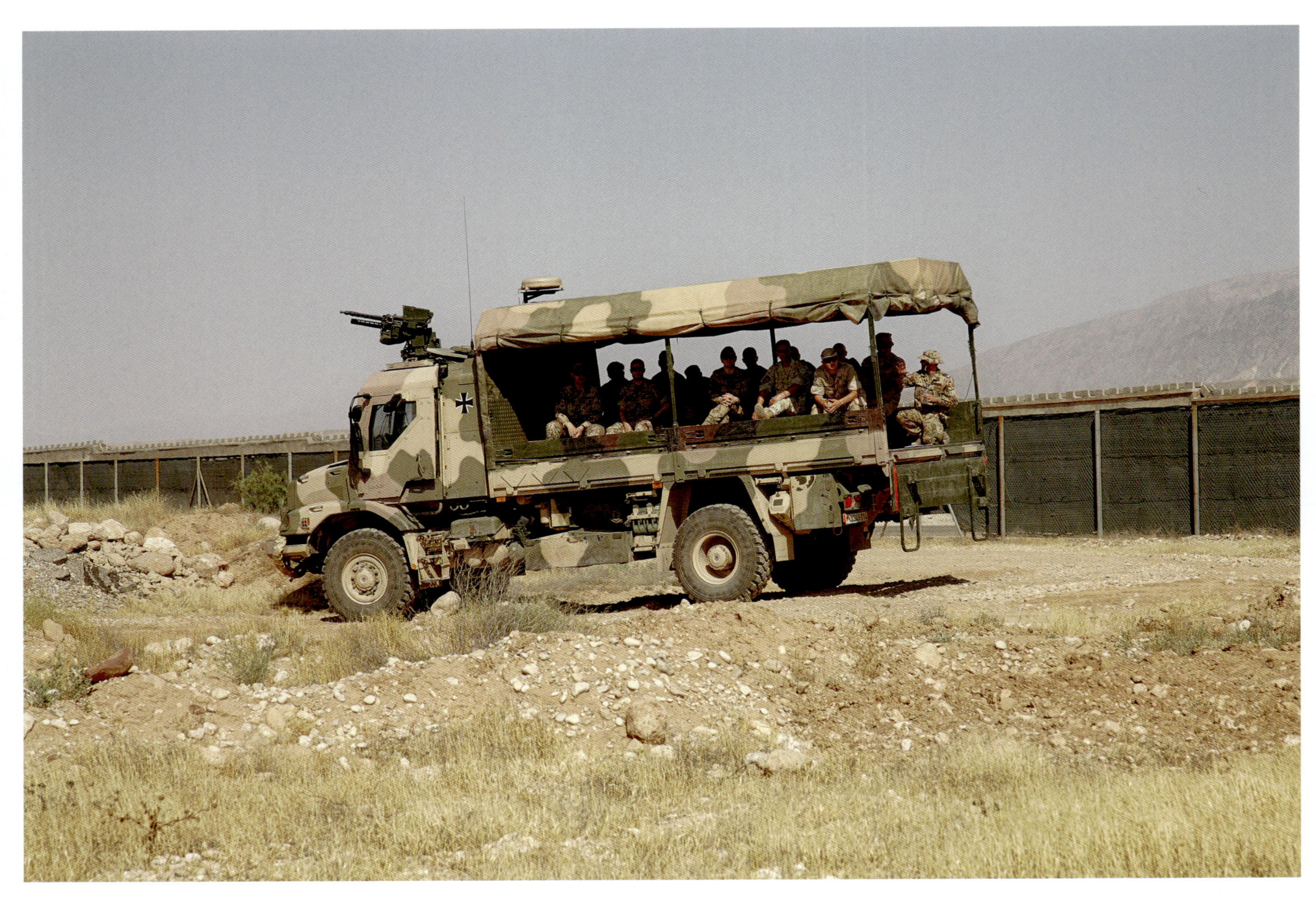

[439]

[440]

Die Hygienebeauftragte des Camps führt in den Räumen der Hygieneabteilung San-Hyg regelmäßig Neuangekommenen die sogenannte *Freakshow* vor – eine Sammlung von Präparaten der hiesigen Problemwesen: Schlangen, Gerbils, Tausendfüßler, Wespen (Riesenwespen), Schaben, Zecken, Käfer, Kamelspinnen, Würmer, Skorpione und natürlich auch die berüchtigte Sandmücke, die allerdings nur unter dem Mikroskop erkennbar ist. Die heimischen Zecken zeichneten sich dadurch aus, dass sie in der Lage seien, die Witterung von Menschen aufzunehmen und sich aktiv auf die Suche nach ihnen zu begeben. Was die Sandmücke angehe, habe die Hygienebeauftragte von Anfang an die Meinung vertreten, dass man das Sprengfallenübungsgelände eigentlich abtragen und schottern müsste, um ihre Verbreitung zu verhindern. Die Hygienebeauftragte zeigt uns eine Schautafel mit verschiedenen Fällen von kutaner Leishmaniose, rote Pusteln und nässende Krater an Füßen und Beinen. Wenn wir wollten, könnten wir am nächsten Tag auf dem Sprengfallenübungsgelände dem Ausnebeln von Gerbilbauten beiwohnen.

Ein Soldat vom Sanitätszug steigt dafür frühmorgens in einen ABC-Schutzanzug und wirft einen benzinbetriebenen Nebelwerfer an, der mit Nervengift gefüllt ist. Er bringt den giftigen Nebel nahe der Einstiegslöcher in die Bauten der Gerbils aus, so lange, bis das vertrocknete Steppengras an der heißen Mündung der Nebelmaschine Feuer fängt und sich ein kleiner Flächenbrand über das Sprengfallenübungsgelände ausbreitet. Zunächst werden aus der nahen Halle halbleere Feuerlöscher herbeigebracht, mit denen sich der Brand jedoch nicht eindämmen lässt, sodass am Ende doch noch die Campfeuerwehr gerufen werden muss.

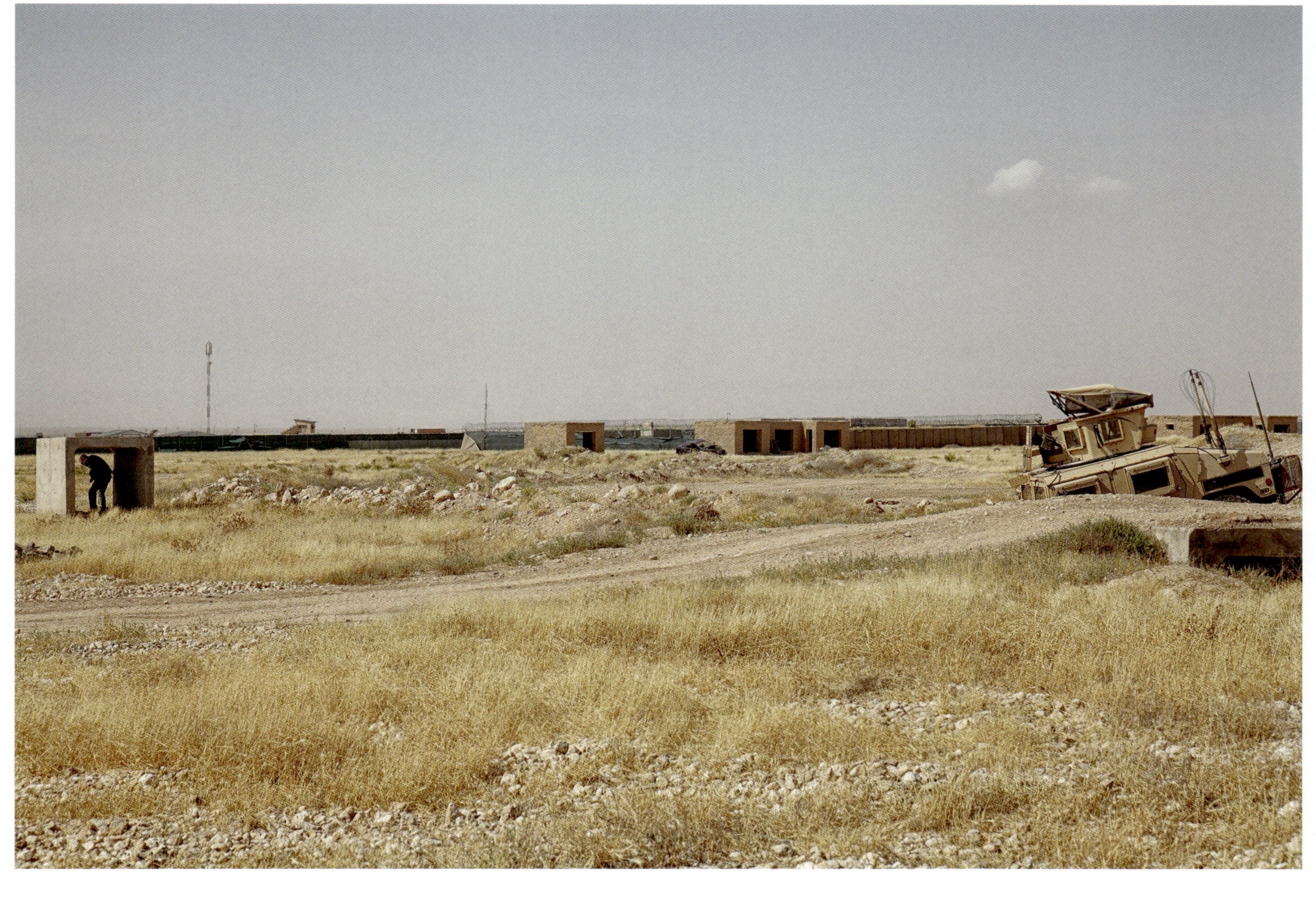

In einem Lagerraum des Feldpostamtes beginnt ein schlechtgelaunter Postreservist zu erzählen, während er die Absenderadressen der zum Versand eingegangenen Pakete kontrolliert. Er sagt, sowohl die Regierung als auch die Bundeswehr hätten die eigene Situation hier im Land überhaupt nicht verstanden. Die Feldpoststelle sei dafür eigentlich ein sehr gutes Beispiel. Es gebe schon seit Jahren das Problem, dass all die unabhängigen Kontraktoren, die hier im Camp als Dienstleister eingesetzt seien, ihre Sendungen über die Feldpost erledigten und dafür, wie jeder Soldat, lediglich das Inlandsporto der Feldpostnation, also Deutschlands, bezahlten. Das sei so aber nicht vorgesehen. Die Feldpost sei für die Soldatinnen und Soldaten da. Er habe das für ein Unternehmen mal geprüft und dabei 90.000 Euro zusätzliche Einnahmen pro Jahr erzielt. Seither arbeite in dieser Dienststelle hier jeder Beschäftigte quasi kostenneutral, meint der Postreservist. Er befinde sich inzwischen im neunten Einsatz. Im Laufe der Jahre, sagt er, habe er der Bundeswehr mit meiner Arbeit hier schon mindestens einen Dingo erwirtschaftet.

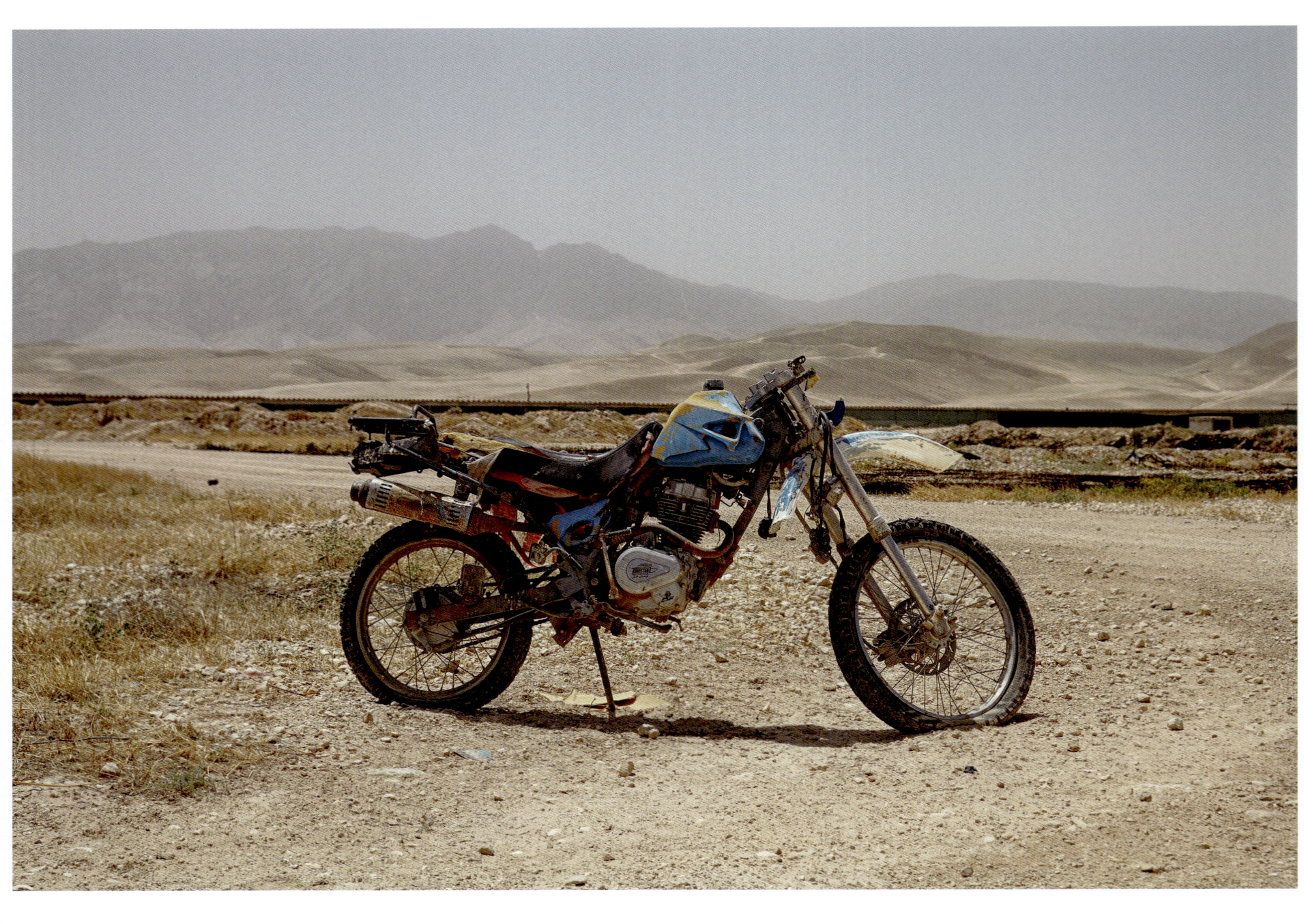

[449]

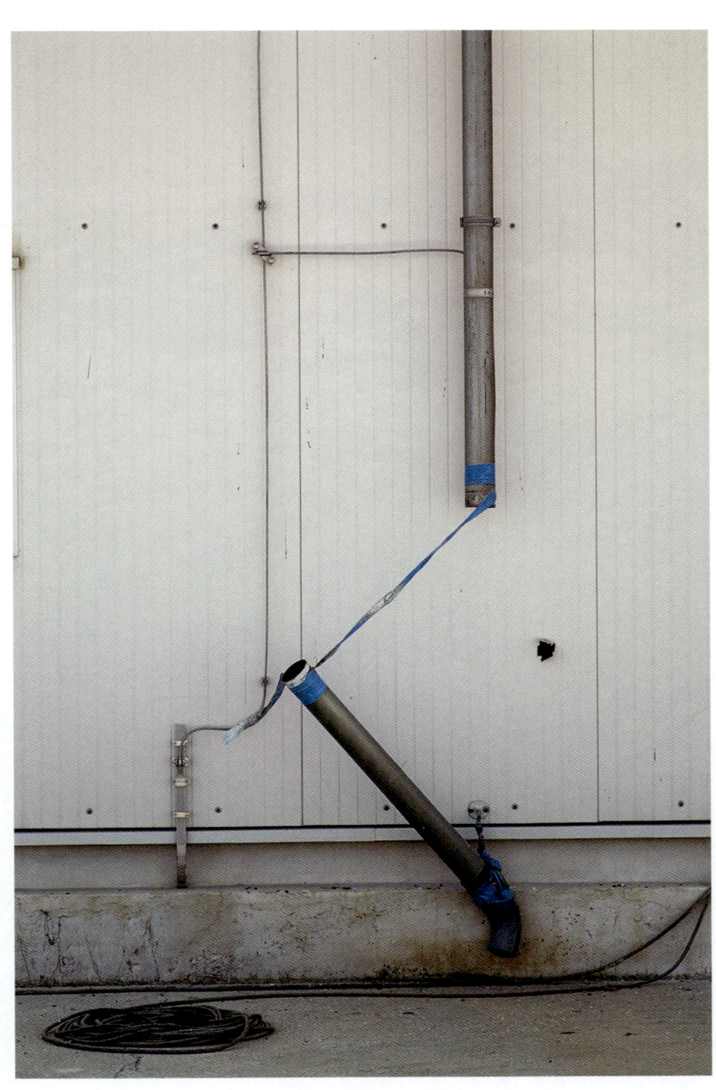

[451]

[452]

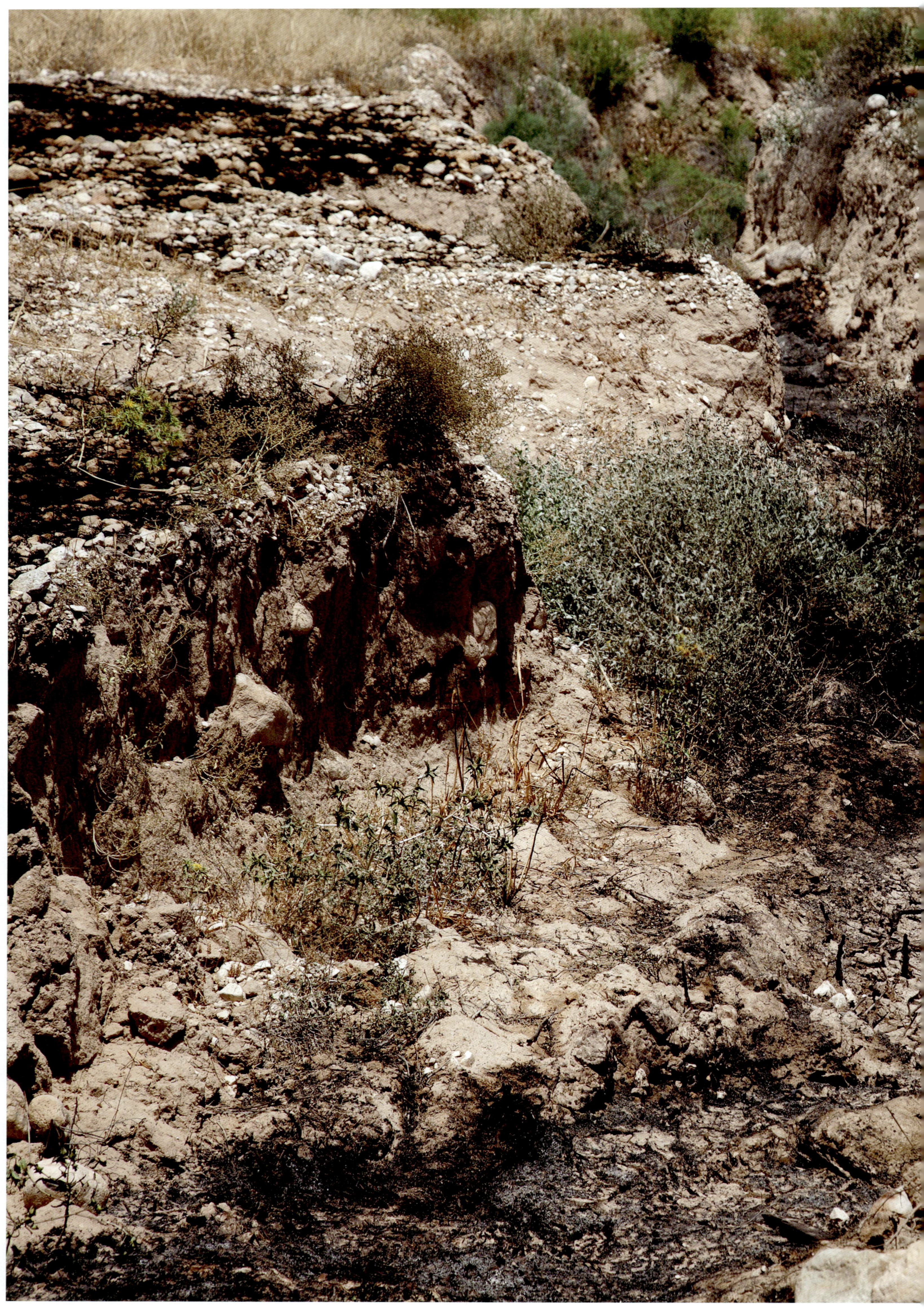

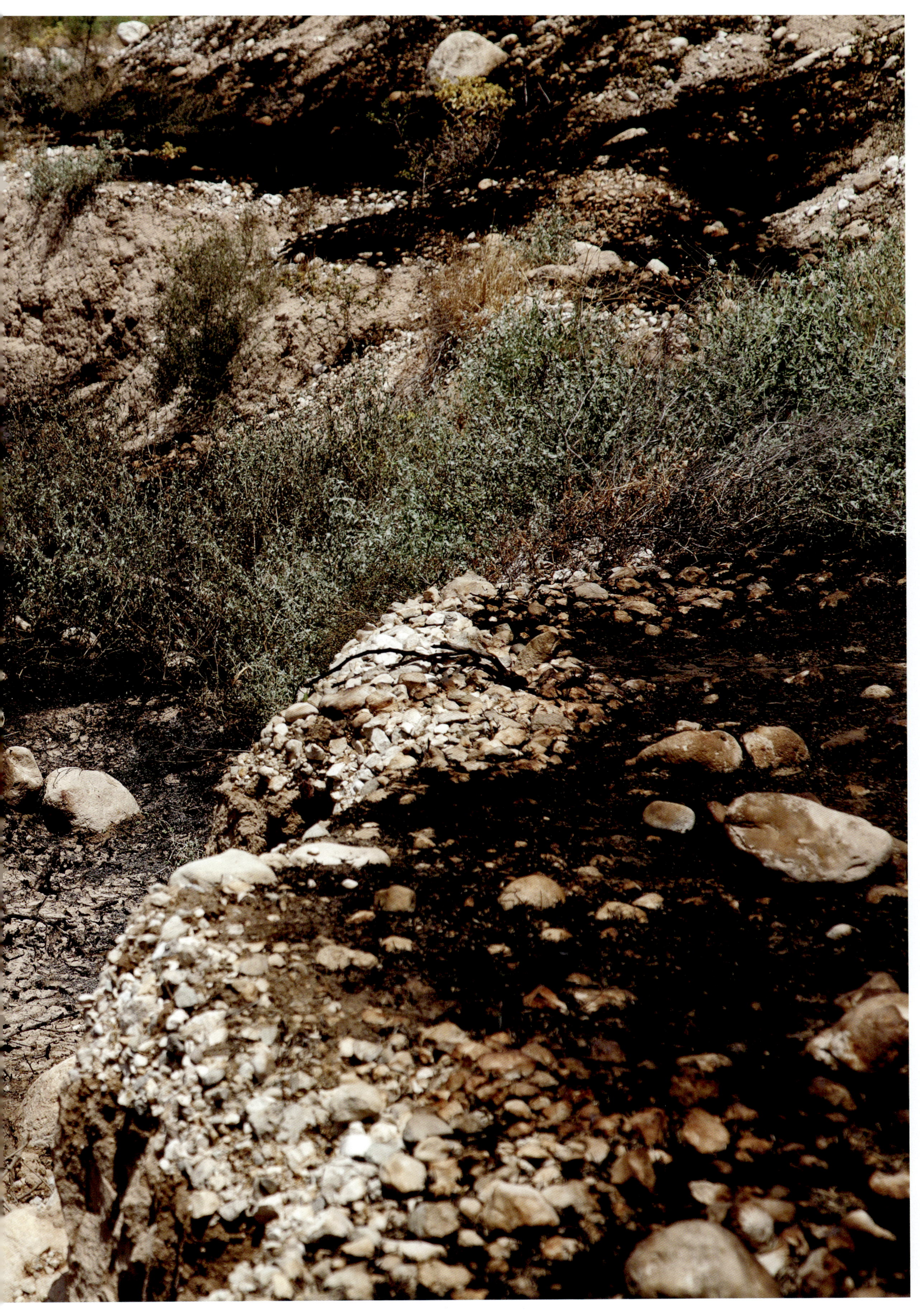

Zum Andenken an einen gefallenen Kameraden findet im finnischen Teil des Camps eine Zeremonie statt. Es ist auch Angehörigen anderer Nationen erlaubt, an ihr teilzunehmen. Für die Zuschauer stehen ein paar Stuhlreihen direkt in der Sonne. Die Zeremonie gleicht einer Art Theateraufführung. Jemand hat einen Auftritt von der Seite, kommt hinter einem Container hervor und gibt den aufgereihten Soldaten eine Anweisung auf Finnisch. Dann kramen alle in ihren Taschen herum, holen ihre Handys heraus und stellen sie auf lautlos. Weitere Punkte im Ablauf sind: Strammstehen, Rufen, Mützen absetzen und wieder aufsetzen. Die meisten Soldaten können sich bei der Aufführung der durchstandardisierten Choreografie ein Lächeln nicht verkneifen.

[462]

[463]

[464]

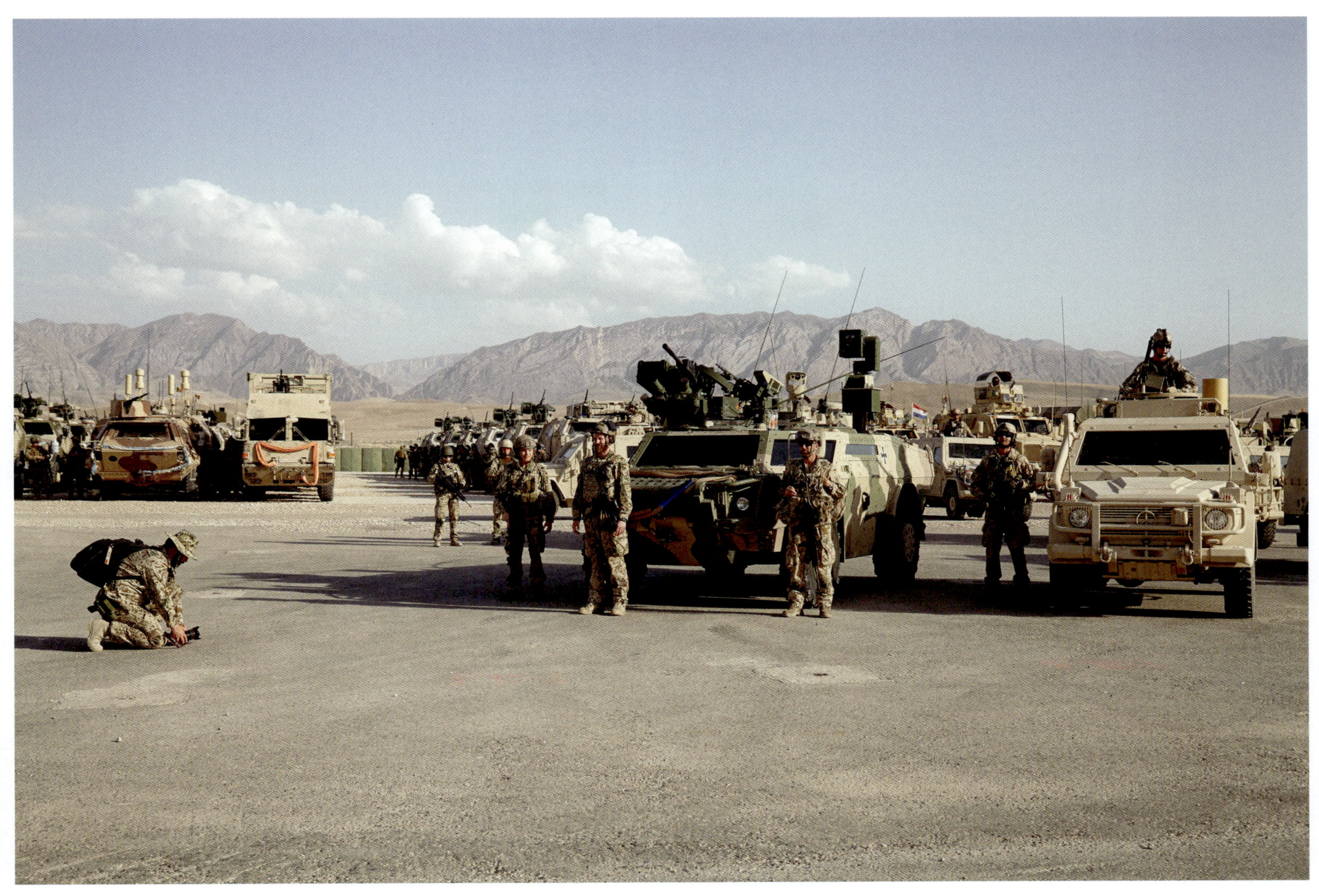

In regelmäßigen Abständen findet im Atrium eine Feier für die Kinder des örtlichen Waisenhauses statt. Die meisten von ihnen haben ihre Eltern in Kampfhandlungen verloren. Auf einer Seite des Innenhofs ist über die Bühne ein großes Willkommensbanner gespannt, darunter sind Geschenke aufgehäuft, silbern und golden in Rettungsdecken eingepackt, Sachspenden von Angehörigen zuhause. Einige Soldaten, die sich hierfür freiwillig gemeldet haben, tragen weiße T-Shirts und Sombrerohüte. Sie lassen sich von Kindern mit Wasserpistolen über den Innenhof jagen. Es gibt außerdem ein Kleinfußballfeld, Ring- und Dosenwerfen, Kinderschminken und am Rand, im Schatten, ein paar Stände, an denen afghanische Frauen Tücher und Stoffe verkaufen.

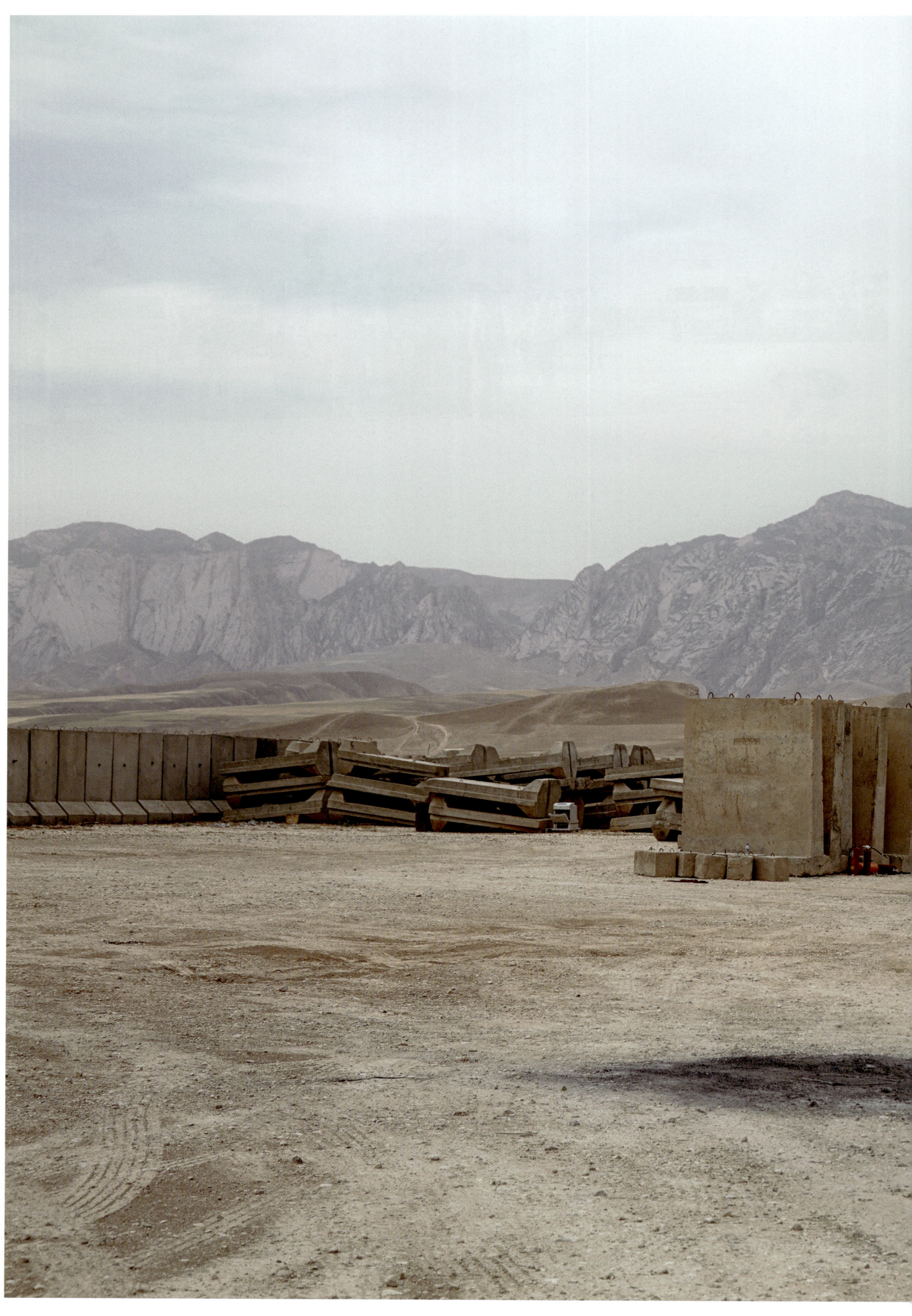

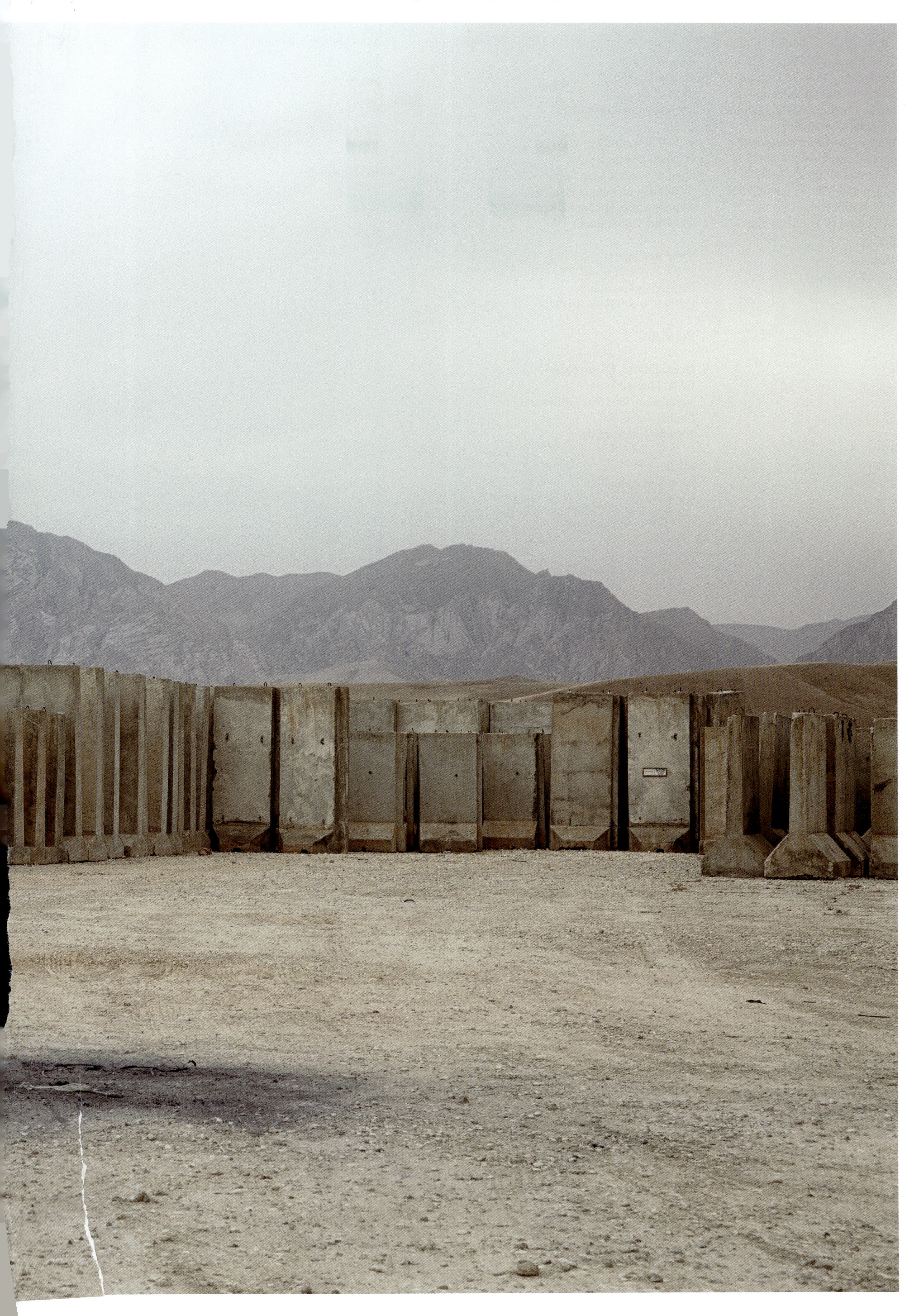

Text: Roman Ehrlich
Fotografie: Michael Disqué
Konzept und Gestaltung:
Mirja Thomer, Markus Dreßen
(Spector Bureau)
Bildbearbeitung: hausstætter
herstellung, berlin
Lektorat: Mathias Zeiske
Fahnenkorrektur: Jan Wenzel
Druck und Bindung:
Ruksaldruck GmbH & Co. KG,
Berlin

Erschienen bei

Spector Books
Harkortstraße 10
04107 Leipzig
www.spectorbooks.com

Erste Auflage

Printed in Germany
ISBN 978-3-95905-101-9

Vertrieb

Deutschland, Österreich
GVA, Gemeinsame
Verlagsauslieferung Göttingen
GmbH & Co. KG,
www.gva-verlage.de

Schweiz
AVA Verlagsauslieferung AG
www.ava.ch